왜 조선에는 붕당 정치가 이루어졌을까?

31
역사공화국
한국사법정

교과서 속 역사 이야기, 법정에 서다

왜
이이 vs 시데하라 히로시

조선에는
붕당 정치가
이루어졌을까?

글 이근호 | 그림 손영목

|주|자음과모음

　현대 정치는 정당을 바탕으로 이루어지는 정당 정치입니다. 따라서 선거는 민주주의의 꽃이라고 불립니다. 선거 과정을 통해서 정당의 정책이나 인물에 대한 바른 평가가 이루어지기 때문입니다. 그렇다면 조선 시대에는 어떻게 정치가 이루어졌을까요? 이런 궁금증을 풀기 위한 소재로 이 책에서는 조선 시대 정당이라고도 말할 수 있는 '붕당'을 선택했습니다. 붕당은 조선 왕조가 500년이나 지속될 수 있게 해 준 하나의 원동력이었습니다. 그런데도 일본은 일제 강점기에 우리 민족성을 폄하하기 위해 붕당을 일종의 정치적인 싸움으로만 묘사했습니다. 이것이 지금까지도 조선 시대 정치에 대해 잘못된 인상을 가진 사람들이 남아 있는 이유입니다.

　이 책에서는 율곡 이이가 원고로, 일본 역사학자 시데하라 히로시가 피고로 등장해 이야기를 풀어 갑니다. 이미 잘 알려진 것과 같이 이이는 조선 시대 성리학의 발전에 한 획을 그은 인물입니다. 붕당은 성리학적인 토대 위에 생겨났고, 그가 활동하던 시기에 사림이 분열되어 조선 최초의 붕당인 동인과 서인이 형성되었습니다. 이이는 당시 가급적 이를 막으려고 노력했지만 실은 붕당이 국가 발전이나 백성의 안정에 도움이 될 수 있다고 생각했던 대표적인 인물 가운데 한 명이었습니다. 그렇기에 그가 붕당을 옹호하고 붕당의 역사성을 대변해 줄 수 있으리라 생각한 것입니다.

반면 피고인 시데하라 히로시는 일본의 조선 식민지 정책의 일환이었던 식민지 사학에 앞장선 학자였습니다. 그는 조선 시대 붕당이 조선 민족의 통일되지 못하고 분열되기만 하는 민족성을 드러냈다는 주장을 펼쳤습니다. 조선의 붕당을 대단히 비하하는 그의 논리에는 일본 제국의 식민 정책에 협조하려는 불순한 의도가 깔려 있었습니다. 이러한 논리는 일본이 원하던 조선 민족에 대한 부정적인 인식을 뒷받침했고, 결국 조선은 스스로 발전할 수 없기 때문에 일본의 지도가 필요하다는 억지 논리를 정당화하는 근거로 사용되었습니다. 참으로 기가 막힌 이야기이지요. 오늘날에는 많이 없어졌지만, 사극이나 몇몇 대중 매체들에서 이러한 부정적인 인식을 여전히 보여 주고 있는 것도 큰 문제입니다.

붕당에 대한 인식을 올바르게 수정하는 것은, 그 자체뿐만 아니라 조선 시대 전반에 대한 인식을 교정하는 중요한 문제이기도 합니다. 조선 시대에는 붕당을 통해 정책 대결과 공론을 반영한 정치 구조가 운영되었습니다. 그러면서 상하가 서로 견제하다 보니 부정부패도 최소화할 수 있었습니다. 시간이 경과하면서 붕당이 여러 가지 잘못된 폐단을 만들어 내기도 했습니다. 그러나 그것이 조선 시대 붕당의 진면목은 아닙니다. 그런 점에서 조선 시대 붕당에 대해서 새롭게 인식하고 이를 조망해야 할 필요성이 있습니다. 나아가 조선 시대 붕당의 이해를 통해서 오늘날 정치를 다시 생각해 볼 시간을 가질 수 있습니다. 역사를 통해서 오늘날 우리들을 반성해 볼 수 있으니까요.

독자 여러분에게 권해 봅니다. 이 책을 읽으면서 자신이 이러한 입장에 놓여 있다면 나는 어떻게 해야 할까, 또 무엇을 해야 할까를 생각해 보는 것은 어떨까요?

이 책에 담긴 내용은 그동안 어려운 현실에서도 묵묵히 연구를 진행한 연구자들의 성과에 기대고 있습니다. 다만, 글의 성격상 일일이 밝히지 못한 점을 양해바랍니다.

이근호

차례

재판 첫째 날 일본은 왜 붕당을 부정적으로 보았을까?

사림 세력은 네 차례의 사화로 큰 피해를 입었지만 꾸준히 세력을 키워 나갔다. 지방에 서원을 세우고 양반 자제들을 교육했다. 전국 곳곳에 세워진 서원은 사림 세력이 학문을 닦고 제자를 양성하면서 향촌 사회에서 지위를 높여 나가는 데 큰 역할을 했다. 또한 서원을 통해 지방 양반들의 의견을 모으는 등 정치적 단결을 강화할 수 있었다.

중학교   역사

V. 조선의 성립과 발전
  3. 사림 정치와 성리학 질서의 확립
    (2) 사림의 집권과 붕당의 형성

선조 때에 이르러 사림 세력은 중앙 정치를 주도하게 되었지만 내부에서 분열이 일어났다. 관직 임명과 여론 형성에 중요한 역할을 했던 이조 전랑에 누구를 임명할 것인가를 두고 대립했다. 이로 말미암아 사림 세력은 동인과 서인으로 나뉘어 붕당이 생겨났다. 붕당은 정치 이념과 학문적 성향을 같이하는 무리를 말한다.

붕당의 원인이 된 이조 전랑은 중요한 자리였다. 선조 때 이조 전랑이었던 김효원은 심충겸이 자신의 후임이 되는 것을 반대했다. 심충겸이 왕실의 외척인 심의겸의 동생이었기 때문이다. 김효원의 집이 동쪽 건천동에 있었고, 심의겸의 집이 서쪽 정릉동에 있어 동인, 서인이라는 말이 생겨났다.

성리학에 대한 이해가 깊어지면서 학설과 지역에 따라 학파가 형성되었고, 학파는 붕당으로 결속하여 정권을 잡고자 했다. 서경덕 학파, 조식 학파, 이황 학파는 동인을 이루었고, 이이 학파와 성혼 학파는 서인을 이루었다.

고등학교

한국사

학연에 따라 모인 사람들이 이를 바탕으로 토론을 하여 국정을 이끌어 가는 정치를 붕당 정치라고 한다. 서로 간의 비판과 견제가 가능한 정치 형태이다. 하지만 붕당 정치는 관직과 이권을 놓고 권력 다툼을 벌이게 되는 원인이 되기도 했다. 붕당은 임진왜란 전에 서인과 동인으로 갈리고, 동인은 다시 남인과 북인으로 갈라졌다. 광해군 때 집권한 북인은 서인과 남인을 배제하려 했고, 이후 정권을 잡은 서인 역시 권력을 독점하려 했다. 이렇게 붕당 간의 극심한 대립은 왕권까지 위협했다.

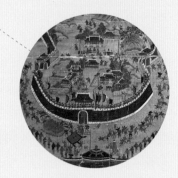

1562년 프랑스 위그노 전쟁

1590년 일본, 도요토미 히데요시 일본 통일

1600년 영국, 동인도 회사 설립

1603년 도쿠가와 이에야스 에도 막부 수립

1616년 여진족, 후금 건국

1628년 영국, 의회 권리 청원

1636년 후금, 청으로 국호 변경

1642년 영국, 청교도 혁명(~1649년)

1652년 크롬웰, 항해법 발표

1688년 영국, 명예혁명

1689년 러시아와 청국 네르친스크 조약
영국, 권리 장전

1736년 영국, 산업 혁명 시작

원고 **이이**(1536년~1584년)

나는 율곡 이이입니다. 성리학이 조선에 뿌리내리는 데 크게 기여했습니다. 동인과 서인 등으로 나뉘어 붕당이 처음 형성되던 시기에 조정에서 활동했습니다. 나만큼 붕당에 대해서 잘 아는 사람도 없지요. 붕당 때문에 조선이 망했다고 주장한 시데하라 히로시를 고발합니다.

원고 측 변호사 **김딴지**

역사공화국에서 역사적 진실을 바탕으로 한국사를 바로 세우고자 하는 김딴지 변호사입니다. 오늘 재판에서도 피고 측의 잘못된 진술에 딴죽을 걸어 참된 역사를 세우도록 하겠습니다.

나는 조선 시대 역사를 연구하는 역사학자입니다. 내 이름 덕분인지 모르겠으나, 특히 붕당에 대해 깊은 관심을 갖고 연구하게 되었습니다.

나는 선조 8년에 동인과 서인이 나누어지도록 한 주역 가운데 한 명입니다. 조식 선생, 이황 선생 등과 같은 훌륭한 인물들로부터 학문을 배웠습니다. 1565년 (명종 20) 과거에 급제해 관직 생활을 시작했고, 이후 병조 좌랑과 정언 등을 거쳤습니다.

인조부터 숙종까지 네 분의 임금을 모셨던 우암(尤庵) 송시열입니다. 숙종은 나를 '대로(大老)'라고 부르며 대우해 주셨지요. 나는 주자학을 최고의 학문이라고 생각했고, 주자학의 이상을 조선 사회에 구현하려고 노력했습니다.

피고 시데하라 히로시(1870년~1953년)

제1차 한일 협약이 체결되었던 그 무렵 조선에 교육 문제 담당 관리로 파견되었습니다. 당시 나는 조선의 정치, 특히 붕당에 대해 각종 자료를 모아 1907년 『한국 정쟁지』라는 책을 냈습니다. 나는 붕당이 조선의 정치에 부정적인 기능을 했다고 보았고, 사리사욕을 채우기 위해 만들어진 조직이라고 주장했습니다.

피고 측 변호사 우키다

나는 피고 시데하라 히로시의 변호를 맡은 우키다입니다. 오늘 이 자리에서 피고 시데하라의 주장이 근거 없는 사실이 아니라는 점을 입증하겠습니다.

나는 조선 중기 훌륭한 신하로 이름난 이준경입니다. 오늘은 내가 죽기 전 임금께 올린 붕당을 예언한 글이 문제가 된다고 하여 증인으로 나오게 되었습니다.

나는 붕당을 중심으로 한 조선 시대의 정치사를 공부하는 연구자입니다. 조선 시대 사색당파에 대해 정확하게 사실 규명을 하는 것이 내 목표입니다. 나 역시 피고의 주장에 불만이 있지만, 오늘은 객관적인 사실만을 말하면 된다고 해서 증인으로 나오게 되었습니다.

나는 역사공화국의 공명정대하기로 소문난 판사, 공정한입니다. 오늘 내가 해야 할 일은 오직 역사의 진실을 밝히는 것입니다.

"붕당은 조선을 유지해 준
원동력이었습니다!"

    여기는 김딴지 변호사 사무실. 서서히 아침이 밝아 오자 사람들의 발걸음도 바빠지기 시작했다. 늦은 밤까지 사건 기록을 검토하느라 잠을 설친 김딴지 변호사가 졸린 눈을 비비며 커피를 마시고 있었다. 커피 맛을 음미하기는 커녕 머릿속에는 온통 오늘 있을 재판에 대한 생각으로 꽉 차 있었다. 이런저런 생각을 정리하고 있는데 문밖에서 노크 소리가 들려왔다.

    "누구세요?"

    아무 대답도 없었다. 김딴지 변호사는 문을 열고 밖으로 나갔다. 거기에는 나이 지긋한 노인 한 분이 서 있었다. 김딴지 변호사는 깜짝 놀라 물었다.

    "어르신, 무슨 일이신가요?"

"여기가 김딴지 변호사 사무실 맞습니까?"

"그렇습니다. 제가 김딴지 변호사입니다."

"바쁘겠지만 잠시 시간 좀 내주었으면 하는데……."

"무슨 일이신지는 모르겠습니다만, 일단 안으로 들어가시지요."

"고맙소. 그럼 잠시 실례하리다."

김딴지 변호사는 노인을 모시고 사무실로 들어와서 따뜻한 차 한 잔을 내며 말을 이어 갔다.

"어르신, 무슨 급한 일이신데 이렇게 일찍 저를 찾아오셨나요?"

"먼저 내 소개를 해야 될 것 같은데……. 나는 이이라는 사람이요. 아마 김딴지 변호사님도 내 얼굴을 자주 보았을 텐데."

"예? 무슨 말씀이신가요?

"혹시 오천 원짜리 지폐가 있으면 한 번 꺼내 보시지요."

김딴지 변호사는 노인의 말대로 지갑 속에서 오천 원짜리 지폐를 꺼내 보았다. 지폐에 그려진 초상화가 앞에 앉아 있는 노인과 비슷했다.

"이 지폐에 그려진 분은 율곡 이이 선생인데……. 그럼 당신이 바로……."

"그래요! 내가 바로 율곡 이이요."

"영광입니다. 위대한 학자분께서 이렇게 누추한 사무실까지 방문해 주시고, 정말 감격스럽습니다. 그런데 어떻게 이 먼 곳까지 찾아오셨습니까?"

"김딴지 변호사가 우리 역사에 관심이 많고, 역사공화국에서도

꽤나 이름이 알려져 있다기에 이렇게 찾아왔소."

"그렇게 말씀해 주시니 부끄럽습니다. 아마도 억울한 일이 있으
셔서 오신 것 같은데 말씀해 보시지요."

"나는 일본인 시데하라 히로시를 고소하려고 합니다."

"시데하라 히로시를 고소하신다고요?"

"그렇소."

"아니 도대체 그가 누구기에 고소를 한다는 겁니까?"

"시데하라 히로시는 붕당에 대해서 악의적인 내용의 책을 지어

왜 조선에는 붕당 정치가 이루어졌을까?

역사를 왜곡한 학자라오."

"말씀을 들어 보니 기억납니다. 시데하라 히로시는 흔히 조선이 발전하지 못한 것은 민족성 때문이라는 **당파성론**을 주장한 사람이지요?"

"그렇소. 그는 붕당을 예로 들며 우리 민족이 분열만 일으키다가 결국 나라까지 망하게 된 것이라고 주장했소. 의도적으로 조선 시대 붕당 정치를 왜곡하면서 일본의 식민지 지배를 합법화하는 데 이용한 것이오. 그래서 내가 오늘 그가 말한 내용이 터무니없는 이야기라는 사실을 입증하고자 하오."

"이제야 알겠습니다. 저도 시데하라의 터무니없는 주장이 당시 조선 역사를 이해하는 데 악영향을 끼쳤다는 사실을 들은 적이 있습니다."

"역시 내가 사람 하나는 잘 본 것 같습니다. 김딴지 변호사도 우리 역사에 대해서 상당히 관심이 많은가 보군요. 어디 그뿐인가요? 오늘날까지도 일부에서 붕당에 대해 오해하는 것도 바로 그때의 영향이라고 할 수 있지요. 물론 재판 과정에서 충분히 이야기되겠지만 붕당이야말로 조선을 유지해 준 원동력이었다고 생각합니다. 그러니 김딴지 변호사께서 부디 이 문제를 해결해 주시기 바랍니다."

"알겠습니다. 고소장을 만들어 법원에 정식으로 소송을 제기하도록 하겠습니다."

당파성론

당파성론은 조선 민족이 원래 분열되고 싸우기만 하였는데, 이를 대표적으로 보여 주는 것이 조선 시대 붕당이라는 논리입니다. 일제 시대 식민사학자들이 자신들의 침략을 정당화하고 조선 통치를 합법화하기 위해 만들었습니다.

조선 시대 붕당 정치

조선 시대는 중앙집권적인 양반 관료제를 바탕으로 한 훈구 세력이 정권을 잡고 있었습니다. 그러다 제9대 성종 때에 지나치게 성장한 훈구 세력을 견제하기 위해 김종직을 비롯한 사림파들을 중앙 정치에 진출시키게 되지요. 하지만 연산군 대에 훈구 세력에 의해 사림이 화를 입는 무오사화(1498년)와 갑자사화(1504년)를 겪으면서 사림의 세력은 약해지게 됩니다.

이렇게 다시 훈구 세력이 정권을 잡게 되자 중종은 이를 견제하기 위해 조광조를 비롯한 사림을 다시 등용하게 됩니다. 조광조가 훈구 세력을 견제하고 개혁 정치를 펴나가자 위협을 느낀 훈구 세력은 '조씨가 왕이 될 것이다'라는 글을 나뭇잎에 남기는 '주초위왕' 사건을 일으켜 사림파를 몰아냅니다. 이것이 기묘사화(1519년)지요. 이후 인종에 의해 사림은 다시 등용되지만 문정왕후에 의해 또다시 을사사화(1545년)를 당하게 됩니다.

이렇게 네 번의 사화를 당하지만 사림파는 선조 대에 이르러 다시금 정치의 중심에 서게 됩니다. 그리고 서로의 생각이 달라 사림 내에서도 분열을 하게 되지요. 먼저 하급관리 인사권을 쥐고 있던 이조 전랑의 자리를 두고 김효원과 심의겸이 다투게 되면서 동인과 서인으로 나뉘게 됩니다. 동인은 주로 이황과 조식을 따르는 이들이었고, 서인은 이이와 성혼을 따르는 이들이었지요. 이후 광해군을 세자로 책봉할 것을 주장한 정철의 처벌 문제를 놓고 동인은 북인과 남인으로 갈라지게 됩니다. 북인은 조식의 제자들로 정철을 강하게 처벌하길 원했고, 남인은 이황의 제자들로 정철을 가혹하게 처벌하지는 말자는 쪽이었지요.

이후에도 북인은 다시 대북파와 소북파로 나뉘고, 남인 역시 분파되고, 서인도 노론과 소론으로 갈라지는 등 조선 시대에는 학문적·정치적 입장을 같이하는 양반들이 모여 구성한 정치 집단인 붕당을 중심으로 정치가 펼쳐졌습니다.

원고	이이	대리인	김딴지 변호사
피고	시데하라 히로시	대리인	우키다 변호사

청구 내용

사림의 분열 과정에서 형성된 붕당은 조선 정치에 활력을 불어넣었으며, 새로운 정치 형태를 만들어 냈습니다.

그런데 일제 강점기에 시데하라 히로시를 시작으로 한 일본의 학자들 중 일부는 조선의 정치를 사사로운 권력 쟁탈을 위한 당쟁으로 규정했습니다. 그리고 붕당이 이런 당쟁을 격화시킨 대표적인 이유라고 주장했지요. 결과적으로 시데하라 히로시는 당쟁으로 조선이 멸망했기 때문에, 일본의 보호를 받을 수밖에 없다고 역사를 왜곡했습니다. 이 내용이 사실이 아님에도 시데하라 히로시의 주장은 상당히 널리 퍼져 일제 강점기의 많은 학자나 정책 당국자에게 영향을 끼쳤고 결국 식민지 정책을 뒷받침하는 논리로 활용되었습니다.

붕당 간의 대결이 극심해져 폐해가 없었던 것은 아니지만, 대부분 건전하게 정책 대결을 하면서 서로 견제하여 나라의 발전을 이루어 왔습니다. 붕당은 조선 왕조가 500년이라는 긴 세월을 유지해 온 원동력입니다. 그런데도 시데하라 히로시는 이 점을 완전히 부정하고 나아가 붕당이 가진 이점은 무시한 채 어느 한 시기의 극심했던 붕당 대결만을 강조하여 조선의 정치 형태를 왜곡했습니다. 문제는 그 영향으로 지금까지도 사람들이 붕당에 대해 잘못 인식하고 있다는 점입니다.

이에 본인은 시데하라 히로시에게 소송을 제기해, 붕당에 대한 잘못된 인식이나 평가를 바로잡고자 합니다.

입증 자료

- 중학교 역사 교과서
- 고등학교 한국사 교과서
  그 외 자료 추후 제출하겠음.

위 청구인 이이
역사공화국 한국사법정 귀중

일본은 왜 붕당을
부정적으로 보았을까?

1. 붕당이란 무엇일까?
2. 붕당이 정말 조선을 망하게 했을까?

1

붕당이란
무엇일까?

판사　피고와 원고, 양쪽 변호인, 그리고 증인들은 모두 참석하셨나요?

양측 변호인　예, 모두 참석했습니다.

판사　자, 이제부터 율곡 이이 대 시데하라 히로시의 첫 번째 재판을 시작하겠습니다. 오늘은 조선 시대 붕당에 관한 논쟁을 다루고자 합니다. 붕당에 대한 인식은 일본 제국의 식민 정책과 관련되어 있습니다. 따라서 잘못된 역사의 청산을 위해 이 소송이 제기되었다고 봅니다. 먼저 원고 측 변호인이 오늘 사건의 핵심이 무엇인지 말씀해 주시지요.

김딴지 변호사　네, 판사님. 조선은 약 500년 동안 지속되었습니다. 한 왕조가 500년간 지속되려면 그 왕조를 지탱해 줄 만한 탄탄한 사회 구조와 정치 제도가 뒷받침되어야 합니다. 오늘 다루려는 붕당은 그러한 정치 제도 가운데 하나였습니다. 그런데 피고는 이 점을 전혀 고려하지 않고 붕당을 나쁘게만 몰아갔습니다.

판사　붕당을 나쁘게 몰아갔다니요? 좀 더 구체적으로 말씀해 주세요.

김딴지 변호사　피고는 붕당 정치를 사리사욕을 채우기 위한 개인 간의 정권 쟁탈쯤으로 취급했습니다. 물론 정치를 하다 보면 잘못된 모습이 나타날 수도 있습니다. 더구나 조선 왕조는 500년간 지속되었기에 붕당도 정치적인 상황에 따라 그 모습이 끊임없이 변해 왔습니다. 사람이 유아기, 청년기, 성인기, 노년기 등을 거치는 것과 마찬가지입니다. ▶처음에는 긍정적인 역할을 했지만 후반으로 가면서 붕당의 기능이나 운영 모습이 쇠퇴했을 뿐입니다.

판사　그렇지요. 그러니까 김딴지 변호사 말씀은 피고 측이 붕당의 긍정적인 부분은 제쳐 놓고 부정적인 모습만을 부각했다는 이야기입니까?

김딴지 변호사　그렇습니다. 따라서 원고는 붕당에 대한 정당한 평가가 이루어지길 바라며 이번 소송을 제기한 것입니다.

판사　원고 측 변호인으로부터 이번 재판이 열리게 된 이유에 대해 들어 보았습니다. 다음으로는 피고 측 변호인의 이야기를 들어 보도록 하겠습니다.

사리사욕
사사로운 이익과 욕심을 이르는 말입니다.

부각
어떤 사물을 특징지어 두드러지게 함을 뜻합니다.

교과서에는

▶ 붕당은 처음에는 상대 당의 존재를 인정하고 서로 간의 비판을 통해 합리적인 정책을 내세웠습니다. 따라서 붕당 정치 초기에는 붕당 간의 견제와 용인이 허용된 건전한 정치가 이루어졌다고 할 수 있습니다.

선입견
어떤 대상에 대하여 이미 마음 속에 가지고 있는 고정적인 관념이나 관점을 말합니다.

우키다 변호사   존경하는 판사님, 붕당의 모습이 역사 속에서 계속 변해 왔다는 원고 측 변호인의 발언은 인정합니다. 그러나 그 발언 속에는 조선의 붕당 정치에 대해 무조건 긍정적으로만 보려는 **선입견**이 들어 있다고 생각합니다. 과연 붕당 정치에 긍정적인 측면만 있었을까요? 판사님, 혹시 『조선왕조실록』이라는 책을 아십니까?

판사   예, 조선 시대를 다룬 역사책이 아닙니까?

우키다 변호사   그렇습니다. 이 실록에는 붕당으로 말미암아 정치가 혼란스러웠을 뿐만 아니라 사림이 국가나 백성의 이익보다는 붕당의 이익만을 우선시했다는 기록들이 자주 등장하고 있습니다. 이런 사실만 놓고 보더라도 붕당 때문에 조선 왕조가 멸망했다는 피고의 주장이 진실임을 알 수 있지 않겠습니까?

판사   원고 측 변호인과 피고 측 변호인의 주장을 잘 들었습니다. 양측의 주장이 엇갈리는군요. 본 재판을 원활하게 진행하기 위해서 붕당이라는 것이 무엇인지부터 이야기해 보겠습니다.

김딴지 변호사   존경하는 판사님, 붕당이 무엇인가에 대한 이해를 돕기 위해 이 분야를 오래 연구하신 역사학자 나붕당을 증인으로 신청합니다.

판사   좋습니다. 역사학자 나붕당은 증인석으로 나와 주세요.

역사학자 나붕당이 증인석으로 나와 증인 선서를 했다. 역사적 책임감 때문인지 증인의 눈빛에서는 어떤 비장함까지 느껴졌다.

김딴지 변호사　먼저 간단하게 자기소개를 부탁드립니다.

나붕당　예. 나는 조선 시대 역사를 공부한 학자입니다. 그중에서도 특히 붕당 문제에 관심을 가지고 있습니다. 오늘 법정에서 하게 될 진술은 오로지 역사적 진실에 근거해서 말씀드리도록 하겠습니다.

김딴지 변호사　물론입니다. 그럼 먼저 '붕당'이란 용어의 뜻은 무엇인지 설명해 주시겠습니까?

나붕당　붕당이란 같은 **학통**이나 정치적 성향을 가진 사람들이 형

학통
학문의 계통이나 계파를 말합니다.

『서경』
유교 경전인 오경(五經) 가운데
하나로 중국에서 가장 오래된 역
사서입니다. 주로 유교에서 이상
적인 시대로 손꼽히는 요순 임금
과 삼왕 시대를 다루고 있습니다.

환관
임금의 시중을 들거나 숙직 따위
의 일을 맡아보던 남자로, 모두
거세된 사람입니다. 조선 시대에
는 이를 내시라고 불렀지요.

황건적의 난
반란 세력이 누런 두건을 착용한
데서 붙여진 명칭입니다. 중국
후한 말기에 하북 사람인 장각
이 도교 사상을 근거로 태평도를
조직하여 그 중심에 섰습니다.
184년 왕조 타도를 내걸고 봉기
했습니다.

성한 집단입니다. 어떤 붕당 연구자들은 같은 선생님으로
부터 공부를 배운 동문이나 동학을 '붕(朋)'이라 지칭하며
긍정적으로 인식하는 반면, 사리사욕을 추구하는 사람들
의 모임을 '당(黨)'이라 하여 부정적으로 인식하기도 합니
다.

김딴지 변호사   붕당은 언제부터 등장했습니까?

나붕당   유교 경전 가운데 하나인 『서경(書經)』이란 책에
서 이미 붕당이라는 용어가 등장하고 있으니 그 기원은 아
주 오래되었다고 하겠습니다.

김딴지 변호사   다른 나라에도 역사적으로 붕당 정치가
나타난 경우가 있다고요?

나붕당   중국 한나라 때 있었던 '당고의 화(黨錮之禍)'를
예로 들 수 있습니다.

김딴지 변호사   조금 더 설명해 주시지요.

나붕당   '당고의 금(禁)' 또는 '당고의 옥(獄)'이라고도 불립니다. 중
국 후한 말기에 관리들과 **환관** 세력이 여러 번 충돌한 사건으로 이
때 많은 관리들이 죽임을 당하거나 관직 진출이 제한되었습니다. 당
고의 화를 거치면서 소인배들이 조정을 얕보는 풍조가 심해졌고, 조
정의 권력을 잡은 환관들에 의해 가혹한 세금 징수가 이어지면서 백
성들이 생활하던 곳을 떠나 도적질을 하게 되었습니다. 그리고 마침
내 왕조의 타도를 요구하는 **황건적의 난**이 일어났습니다. 이 난은
후한 멸망에 결정적 역할을 했습니다. 결국 붕당이 후한 멸망의 원

인으로 지목되었지요.

절도사
중국 당나라 때 변방에 설치하여 군대를 거느리고 그 지방을 다스리던 관리입니다. 고려, 조선 시대에도 이런 지방 관리를 두었습니다.

황소의 난
당나라 말기인 875년 산동성 사람인 황소 등이 주도한 농민 반란입니다. 이후 884년에 난이 평정되었습니다.

증인 나붕당의 말에 방청석에서 웅성거리기 시작했다.

"아니, 그렇다면 정말 붕당이 나라를 망하게 할 정도로 나쁜 영향을 끼친 게 아닌가?"

"그러게 말일세. 원고 측 증인인데도 붕당을 부정적으로 보는 것 같군!"

그때 김딴지 변호사가 결연한 태도로 말을 이었다.

김딴지 변호사　　그렇게 붕당이 죄악시되었다면 점차 소멸되어야 하는 것 아닙니까? 그런데도 계속되었다면 분명 이유가 있지 않겠습니까?

나붕당　　그렇게 볼 수도 있지요. 어쨌든 시간이 지날수록 붕당의 기세는 더욱 강해졌으니까요. 중국 당나라 때에 이르면 우당과 이당이라는 붕당이 생깁니다. 이들의 정치적 다툼은 '우이 당쟁(牛李黨爭)'으로 불리기도 하는데요. 당나라 문종이 "하북의 도적을 제거하기는 어렵지 않지만 붕당을 제거하기가 쉽지 않다"라고 말할 정도로 반목과 갈등이 심했습니다. 당쟁이 오랫동안 지속되자 정치 질서가 문란해지고 환관들의 횡포도 심해졌습니다. 지방에서는 절도사들의 반란과 황소(黃巢)의 난이 발생했고요. 하지만 이후에도 붕당은 계속 나타났습니다. 중국 송나라 때 이르면 구법당, 신법당, 낙당, 촉당, 삭당이라는 여러 붕당이 등장합니다.

『대명률』
중국 명나라 때 형률(刑律)의 기본이 된 법전입니다.

김딴지 변호사　아, 중국 송나라 때 이르면 더욱 많은 붕당이 나타나는군요. 게다가 붕당이 중국에만 있었던 것은 아니지요? 제가 알기로 서양에서도 각자의 입장에 따라 여러 정치 세력이 존재했다고 들었습니다.

나붕당　그렇습니다. 붕당을 중국이나 우리나라의 특수한 사정으로 이해하면 곤란합니다. 사실 인류가 역사를 시작할 때부터 비슷한 일들이 존재하지 않았을까요? 하지만 중국 한나라 때나 당나라 때, 그리고 송나라 때까지 붕당을 결성하는 것은 잘못이라는 인식이 지배적이었습니다. 이런 생각은 결국 중국 명나라 때 만들어진『대명률(大明律)』이라는 법률서에 "붕당을 결성하여 조정의 정치를 문란하게 하는 자는 모두 참(斬)하며 처자식은 모두 종으로 삼고 재산을 몰수한다"라는 법조문으로 규정되기에 이르렀습니다.

김딴지 변호사　붕당 정치가 나라를 어지럽히는 결과로 이어졌기 때문에 무조건 막아야 한다고만 생각했던 것이군요?

나붕당　그렇습니다. 이 점은 우리 역사에서도 마찬가지입니다. 조선에서도『대명률』을 수용하여 법률서로 참고했으므로, 중국의 인식과 크게 다르지 않았습니다.

김딴지 변호사　그러면 우리나라에서는 붕당이 생길 경우 어떻게 했습니까?

나붕당　좀 전에 이야기한 것과 같이 중국과 크게 다르지 않았습니다. 조선에서도 중국처럼 신하들이 붕당을 결성하는 것을 죄악시했습니다. 판사님을 비롯해 여기 계신 여러분들도 조광조 선생을 아

시지요? 국가와 백성을 위해 훈구 세력에 맞서 여러 개혁 정치를 펼친 조광조 선생의 경우도 반대파에서 '붕당을 결성하여 임금을 핍박했다'라는 죄목을 씌워 죽였지요.

김딴지 변호사　역사 시간에 여러 번 들은 기억이 납니다. 조선에서도 이렇게 붕당이 부정적으로만 여겨졌다면 붕당을 결성하는 일 자체가 쉽지 않았겠군요?

나붕당　물론 쉽지는 않았지요. 하지만 조광조 선생의 개혁은 그가 죽은 이후에야 의미 있는 변화들로 나타나기 시작했습니다. 조광조 선생을 지지했던 사람이 점차 정치의 주도권을 잡아 갔기 때문이지요. 사림 세력은 성리학을 공부한 집단이었기 때문에 붕당에 대해 호의적이었지요. 그래서 붕당을 통해 국가와 백성을 위한 정치를 할 수 있을 것이라고 생각했습니다.

김딴지 변호사 그렇지요. 그런 시점이 있어야 이후 붕당이 합법적으로 이루어질 수 있을 것이라고 생각했습니다. 증인, 이 부분에 대해서 좀 더 자세히 말씀해 주세요.

나붕당 이 부분은 오늘 재판의 원고이신 율곡 이이 선생께서 말씀하시는 것이 어떨까요?

김딴지 변호사 그게 좋겠네요. 판사님, 증인의 증언은 이상으로 마치겠습니다. 이번에는 원고의 진술을 듣고 싶습니다.

판사 인정합니다.

이이가 천천히 몸을 일으켰다. 방청객들이 웅성거리기 시작했다.

"저분이 바로 말로만 듣던 이이 선생이시구먼!"

"아, 그래! 오천 원짜리 지폐에 그려진 분이네. 이렇게 돈에까지 등장할 정도로 대단한 분을 법정에서 뵈니 감개무량하구먼."

"최근에는 그 어머니도 지폐에 등장하시지 않았나?"

"누구 말인가?"

"신사임당 말일세. 바로 저분의 어머니이시네. 이 사람 역사 공부 좀 하시게"

"아, 그렇군!"

판사 방청객 여러분, 조용히 해 주십시오. 지금부터 본격적인 신문에 들어가겠습니다. 원고 측 변호인 시작하세요.

김딴지 변호사 네. 오늘 이 자리에서 원고는 어떤 거짓도 없이 솔직하게 답변해 주시기를 바랍니다.

이이 내 양심을 걸고 진실만을 말하겠습니다.

김딴지 변호사 먼저 원고는 간단히 자기소개를 해 주시기 바랍니다.

이이 나는 율곡 이이입니다. 이황과 함께 성리학이 조선에 뿌리를 내리는 데 크게 이바지했습니다. 잘 아시다시피 나는 조선 최초의 붕당이라고 할 수 있는 동인과 서인이 형성되던 시기에 조정에서 활동했습니다. 오늘 재판에 나온 이유는 '붕당'의 의미를 역사 속에서 제대로 세우기 위해서입니다.

김딴지 변호사 앞서 나붕당 증인은 조광조의 사망 이후에야 서서히 붕당에 대해 인정하는 분위기가 조성되었다고 증언했습니다. 이에 대한 원고의 생각은 어떠신가요?

이이 내가 아는 대로만 말씀드리지요. 성리학을 체계화한 송나라의 주자(朱子) 선생께서는 사람들이 무조건 붕당을 미워해서 없애고자 했기에 나라가 망했다고 하셨습니다. '사람을 분별할 때 어질고 어질지 못한 것과, 충성스럽고 그렇지 못한 것을 분별하지 못하고 오직 붕당이라는 이름만 싫어해서 없애고자 한다면 소인(小人)은 자신들의 잘못을 덮고자 위장하고, 군자(君子)는 올바른 길만 고집하다

가 결국 화를 당한다'라는 것입니다.

김딴지 변호사　　붕당을 미워해서 없애려고만 하지 말고 군자로 붕당을 구성해 정치를 해야 한다는 것이군요?

이이　　그렇습니다. 사실 주자의 이런 말씀은 이보다 앞선 시기인 **구양수**라는 분의 '붕당론'에서 비롯되었습니다. 구양수는 붕당이라고 하여 무조건 나쁜 것이 아니니 윗사람은 어질고 충성스러운 사람을 등용하여 천하를 도모하면 된다고 했습니다. 나도 주자와 구양수

　　왜 조선에는 붕당 정치가 이루어졌을까?

선생의 말씀에 공감합니다. 소인은 자신의 몸을 영화롭게 하는 일을 우선시하여 이익만 도모하면서 임금과 백성을 뒤로하게 됩니다. 그런데 군자는 그렇지 않아서 먼저 임금과 백성을 생각하므로 군자의 붕당이 왕성하게 활동하면 할수록 오히려 임금이 더욱 어질어지고 나라와 백성이 모두 편안해질 것입니다.

김딴지 변호사 원고의 말씀은 군자가 붕당을 이뤄 정치를 한다면, 나라는 더욱 발전하고 백성은 편안한 삶을 살 수 있다는 말씀이시군요?

이이 그렇습니다. 그렇기 때문에 붕당을 볼 때 그 무리가 군자인지 소인인지 먼저 판단해야 합니다. 만약 군자의 붕당이라고 판단되면 임금도 역시 군자의 붕당에 참여해서 나라를 운영해야 합니다.

김딴지 변호사 임금도 붕당에 들어가서 활동해야 한다고요?

이이 그렇습니다. 임금도 군자의 붕당에 함께 참여함으로써 나라의 정치가 공정하게 되고 임금도 바르게 될 수 있습니다. 그렇게 되면 나라와 백성이 모두 편해지는 정치를 할 수 있습니다.

김딴지 변호사 원고의 말씀을 종합해 보면, 조선에서 16세기 후반 이후 붕당에 대한 인식이 긍정적으로 바뀌게 되었는데, 이는 성리학을 깊이 연구한 사림이 정치의 주도권을 잡게 되면서부터입니다. 주자의 붕당에 대한 인식이 반영되었기 때문이지요.

이이 김딴지 변호사가 제대로 정리해 주신 것 같습니다. 사림이 정치를 주도하는 시점부터 점차 붕당이 용인되었습니다. 조선 붕당

구양수
중국 송나라 인종~신종 때의 정치가이자 학자입니다.

의 역사를 이해하기 위해서는 이처럼 그와 관련된 인식이 어떻게 변화했는가를 살펴보는 것이 중요하겠지요.

김딴지 변호사   이상으로 원고 신문을 마치겠습니다.

구양수의 『붕당론』

중국 송나라 시대 구양수는 황제에게 『붕당론(朋黨論)』이라는 책을 써서 바쳤습니다. 이 책은 중국과 조선의 붕당에 대한 인식이 긍정적으로 변화하는 데 큰 영향을 주었습니다.

'신은 붕당(朋黨)이라는 말이 예부터 있다고 들었습니다. 다만 임금이 군자(君子)와 소인(小人)을 분별하셔야 할 따름입니다. 무릇 군자는 군자와 더불어 도를 함께하려고 무리를 만들고, 소인은 소인과 더불어 이익을 함께하려고 무리를 만들고 하니, 이는 자연스러운 이치입니다. 그러나 신은 생각하건대 소인은 붕(벗)이 없고, 오직 군자라야 그것이 있다고 여기오니 그것은 어째서인가?

소인은 좋아하는 것이 이익과 녹봉이고, 탐내는 것은 재물과 화폐입니다. 그 이로움이 같을 때 서로 잠시 끌어들여 당을 만들어 붕이라고 하는 것은 거짓입니다. 이로움을 보고 다투는 데 이르러서는 간혹 이익이 다하면 사귐이 멀어지고 심한 자는 도리어 서로 해쳐서, 비록 그 형제나 친척이라도 능히 서로 보전하지 못하니, 신(臣)이 말하기를 "소인은 붕이 없고, 그 잠시 붕이 된 것은 거짓이다" 하는 것입니다.

군자는 그렇지 아니하여 지키는 바가 도의요, 행하는 것이 충신이며, 아끼는 것이 명예와 절개입니다. 그것으로써 몸을 닦으면 도를 함께하여 서로 이롭고, 이로써 나라를 섬기면 같은 마음으로 함께 다스려 끝과 시작이 한결같으니, 이는 군자의 붕입니다. 그러므로 임금이 된 자는 다만 마땅히 소인의 그릇된 붕을 물리치고 군자의 진정한 붕을 쓴다면 천하가 다스려질 것입니다. (……)'

2

붕당이 정말
조선을 망하게 했을까?

판사　지금까지 원고와 나붕당 증인을 통해서 붕당이 어떤 것인
지, 또 어떻게 조선 시대에 활발하게 활동할 수 있었는지에 대한 진
술을 들었습니다. 자, 그럼 이번에는 피고 측 변호인 말씀하시지요.

우키다 변호사　원고 측 말씀 잘 들었습니다. 그런데 원고 측에서는
붕당의 좋은 점만 강조하신 것 같습니다. 붕당이 활발해지면 나라와
백성이 편해진다니요. 과연 그럴까요? 국회 의원들이 국회 의사당에
서 격하게 몸싸움한다고 해서 나라와 백성을 위해 노력하는 것은 아
니지 않습니까? 그런 점에서 본다면 붕당이란 결국 자신의 이익 추
구를 목적으로 만들어진 조직이 아닐까요? 안 그렇습니까?

김딴지 변호사　판사님, 이의 있습니다. 우키다 변호사는 뚜렷한 증
거도 없이 원고의 발언을 매도하고 있습니다.

판사   이의를 받아들입니다. 우키다 변호사는 정확한 증거를 제시하면서 말씀해 주시기 바랍니다.

우키다 변호사   판사님, 이 부분에 대해서는 피고를 직접 불러서 이야기하도록 하겠습니다. 허락해 주십시오.

판사   허락합니다.

피고 시데하라 히로시가 두 손을 몇 번 마주 비비더니 자리에서 일어났다. 긴장한 표정이 역력했다. 우키다 변호사가 질문을 시작하자 날카로운 눈빛으로 방청석을 한번 훑어보았다.

우키다 변호사   피고, 먼저 자기소개를 통해 일본인인 피고가 어떻게 조선의 붕당에 관심을 갖게 되었는지 말씀해 주시지요.

시데하라 히로시   예. 나는 제1차 한일 협약 무렵에 조선에 파견되어 근무한 시데하라 히로시입니다. 교육 문제를 책임지던 학부라는 관청의 고문 역할이었지요.

우키다 변호사   아, 그러시군요! 조선에서 근무하면서 조선의 문제에 관심을 가지게 되셨군요?

시데하라 히로시   그렇습니다. 나는 그때 조선의 정치, 특히 붕당에 대해 연구했습니다. 이를 정리하여 1904년에 조선 붕당 정치의 부정적인 역할을 강조한 「한국 정쟁지(韓國政爭志)」라는 제목의 논문으로 박사 학위를 받았습니다. 그 논문을 다듬어서 1907년에 책으로 출간했습니다.

우키다 변호사　　피고가 굳이 붕당 문제에 관심을 갖게 된 이유라도 있나요?

시데하라 히로시　　당시 조선에서는 정치적인 의견이 통일되지 못했고 유언비어가 난무했으며 음모가 계속되고 있었습니다. 서로를 암살하거나, 권력을 잡은 사람이 자신과 다른 정치적 입장에 있는 사람들을 무조건 탄압하는 모습을 보였지요. 나는 이런 정치 상황을 이해하기 위해서는 그 원인을 역사에서 찾아야 한다고 생각했습니다. 조선에서는 당쟁이 계속된 역사가 있었고, 나는 그것이 원인이라고 생각했지요.

우키다 변호사　　좀 더 구체적으로 말씀해 주세요.

시데하라 히로시　　사실 내 연구 전까지는 조선 시대 붕당의 역사를 근대적인 학문 방법으로 정리한 책이 하나도 없었습니다. 그런 점에서 내 책은 선구적이라고 할 수 있지요. 조선의 당파인 붕당은 정책적 입장으로 서로 대립하면서 공공의 이익에 봉사하기보다는, 개인적인 사리사욕을 추구하기 위해 열을 쏟았습니다. 어떤 주장이나 학설로 서로 대립하던 공당이 아니고, '이익'으로 서로를 배척하던 사당이었지요. 같은 당이 아니면 집안끼리 혼인도 하지 않았고, 주거지까지 달리하며 자신들만의 이익과 권세를 위해 계속 다투기만 했습니다.

우키다 변호사　　사는 곳이 달랐다고요?

시데하라 히로시　　그렇습니다. 내가 조사한 바로는 노론은 대부분 서울의 북쪽에 살았고, 소론은 서울의 남쪽에 살았습니다. 남인과

북인은 이들 중간에 살았지요.

우키다 변호사   재미있는 지적이네요. 어쨌든 그렇다면 피고가 붕당을 사당으로 평가하는 이유를 좀 더 설명해 주시지요.

시데하라 히로시   초기 붕당 형성의 이유를 예로 들 수 있겠는데요. ▶초기 붕당은 심의겸과 김효원의 이권 다툼에서 비롯되었습니다. 서인의 대표인 심의겸은 명종 비 인순

교과서에는

▶ 1575년(선조 8)에 동인과 서인으로 나누어지면서 붕당이 형성되었습니다. 동인은 김효원을 비롯한 신진 관료가 중심이 되었고, 서인은 심의겸을 비롯한 기성 관료가 중심이 되었습니다.

왕후의 동생이었고, 동인의 대표인 김효원은 중종 비 문정 왕후의 동생인 윤원형의 집에 출입하던 사람이었지요.

우키다 변호사　조선의 붕당이 외척 간의 이권 다툼 때문에 발생했다는 말인가요?

시데하라 히로시　그렇습니다. 붕당이 공공의 이익에 봉사하기보다는 자신들의 사리사욕만을 도모했던 조직이라는 점은 이미 말씀드렸습니다. 이 점은 동인과 서인, 이후 노론과 소론에서도 마찬가지였습니다. 노론과 소론의 대표적인 인물인 송시열과 윤증 사이에서 발생한 '회니시비(懷尼是非)' 사건을 예로 들어 보겠습니다.

우키다 변호사　회니시비라고 불리는 이유가 있습니까?

시데하라 히로시　회니시비란 송시열이 충청도 회덕 출신이고 윤증이 충청도 니산(지금의 논산 일대) 출신이기에 각각 한 글자씩 따서 붙인 이름입니다. 붕당의 역사에서 중요한 사건이지만 별것 아닌 일로 시작된 개인적인 앙금이 그 이유였지요.

판사　개인적인 앙금이요?

시데하라 히로시　이 사건은 윤증이 송시열에게 아버지의 비문(碑文)을 부탁한 일이 발단이었습니다. 송시열은 윤증의 아버지 윤선거의 친구였습니다. 그런데 송시열은 "다만 기록할 뿐이지 짓지는 않았다"라고 하면서 그저 다른 사람이 기록한 것을 보고 기록한다는 식으로 친구의 비문을 지었다고 합니다. 윤증은 송시열이 보낸 비문이 맘에 들지 않는다며 몇 차례나 고쳐 달라고 했지만 송시열은 이를 받아들이지 않았지요.

판사   아, 그런 일이 있었군요. 그렇다면 회니시비는 개인적인 감정 때문에 벌어진 일이 맞는 것 같군요.

김딴지 변호사   판사님, 이의 있습니다. 지금 피고는 사실을 왜곡하고 있습니다. 두 사람 사이에 감정적인 다툼이 있었던 것은 사실이지만, 그것이 노론과 소론으로 나뉘게 된 계기는 아닙니다. 송시열과 윤증 사이에는 이미 학문적인 입장 차이가 있었습니다. 비문 사건으로 말미암아 그것이 불거진 것일 뿐입니다. 그 문제의 본질은 성리학을 어떻게 이해하고, 또 접근할 것인가 하는 데 있었습니다.

판사   원고 측 변호인의 말씀 잘 들었습니다. 그러나 일단 피고의 증언을 끝까지 들어 보도록 하겠습니다. 피고, 계속하시지요.

시데하라 히로시   또한 연구하면서 발견한 재미있는 사실이 있습니다. 조선의 당쟁은 우리들이 알고 있는 것처럼 선조 때에 동인과 서인으로 붕당이 갈라지는 데서 시작된 것이 아니고, 1498년(연산군 4)에 발생한 무오사화 때부터였다는 것입니다. 그러니 조선 시대 당쟁의 역사는 매우 오래된 것이지요. 이러한 내용을 밝힌 내 논문은 이전 조선 시대 붕당의 활동에 대한 각종 기록에 비해서 객관적이었다고 생각됩니다. 그런데 원고 측 변호인이 계속 '잘못 이해했다'라고만 하시니 좀 답답합니다.

우키다 변호사   그렇습니다. 이처럼 피고는 객관적 사실에 입각해 조사를 진행했습니다. 그런데도 원고 측의 무조건적인 비판에 따라 조선의 붕당에 대해 잘못된 연구를 했다는 오명을 뒤집어쓰고 이 자리에 서야만 했습니다. 판사님의 정당한 판결을 바랍니다.

『조야첨재』
조선 태조부터 숙종 46년(1720년)까지의 역사적 사실을 『국조보감』, 『용비어천가』 등을 참고해 엮은 책으로 숙종 때 편찬되었으며 편찬자는 밝혀지지 않았습니다.

『대동패림』
조선 후기에 편찬된 편자 미상의 야사 총서입니다.

판사 원고 측 반박하세요.

김딴지 변호사 피고의 진술은 여러 가지 문제점이 있지만, 그 부분은 차차 신문하도록 하겠습니다. 피고의 책이 객관적이라니요? 도대체 무슨 근거로 객관적이라고 하시나요?

시데하라 히로시 원고 측 변호인은 혹시 내 논문을 보셨습니까?

김딴지 변호사 물론이지요. 당연히 보았습니다.

시데하라 히로시 그렇다면 바로 알 수 있는 사실 아닙니까? 내 책의 앞부분에 제시했지만, 연구를 진행하는 과정에서 조선 시대 역사를 다룬 『조야첨재』를 비롯해 야사를 수록한 『대동패림』이라든지, 퇴계 이황의 저작인 『퇴계집』 등 많은 기존 자료를 활용했습니다. 그런 점에서 나는 상당히 객관적으로 책을 기술했다고 할 수 있지요.

김딴지 변호사 조선의 여러 자료를 이용했다고 해서 객관적이라고 말할 수는 없습니다. 자료를 어떻게 이용하고, 또 어떤 부분을 이용하느냐에 따라서 그 내용과 입장이 달라질 수 있는 것이니까요. 예를 들어 붕당의 문제점이라든지 당쟁의 폐해만 지적한 자료를 이용한다면 그 내용이 어떻겠습니까? 어떤 자료를 이용했는가보다는 어떻게 이용하고 또 어떤 부분을 이용했느냐가 더 중요하다고 봅니다.

판사 이 부분은 원고 측 변호인의 말씀이 타당한 것 같습니다. 원고 측 변호인은 자료 문제는 이 정도로 접어 두고, 다른 문제를 신문하기 바랍니다.

김딴지 변호사　예. 그렇다면 당쟁이 무오사화 때부터 시작되었다고 하는 주장의 근거는 무엇입니까?

시데하라 히로시　사실 이것은 내가 처음 주장한 내용이 아닙니다. 조선의 대유학자인 퇴계 이황 선생의 말을 근거로 한 것입니다. 1569년(선조 2) 3월 이황 선생은, 사림이 화를 당한 것은 무오사화나 갑자사화 때 시작되었다고 하였지요.

갑자사화
1504년(연산군 10) 연산군의 생모인 폐비 윤씨의 복위 문제로 발생한 사화입니다.

김딴지 변호사　퇴계 이황 선생은 그때 사화의 시작을 말한 것이므로, 피고가 말한 당쟁과는 엄연히 다른 사실 아닌가요?

시데하라 히로시　나는 사화의 연장선이 당쟁이라고 보았습니다. 사화란 사림파와 훈구파의 대결에서 사림들이 화를 당한 사건입니다. 두 파로 분리되어 권력 다툼을 벌이는 과정에서 일어난 일이니 비슷하지 않습니까?

김딴지 변호사　피고의 진술은 수긍하기가 어렵군요. 또 그렇다고 치더라도 이런 사화가 어떻게 동인과 서인의 붕당으로 연결된다는 겁니까?

시데하라 히로시　중종 때 발생한 기묘사화 이후 당쟁의 쟁점이 변화했습니다. 이전까지는 주로 훈구파와 사림파의 대결이었다면, 이후에는 외척 간의 분쟁으로 나타났지요. 장경 왕후의 동생 윤임과 문정 왕후의 동생 윤원형과의 갈등이 심각해졌기 때문입니다. 윤원형이 권력을 잡았을 때 후일 동·서 붕당 발생의 원인을 제공한 김효원이 그의 집에 출입하면서 출세하려 노력했습니다. 결국 사화와 동인과 서인의 붕당 형성이 이런 식의 이권 다툼으로 이어져 왔다고 하겠습니다.

김딴지 변호사　지금 피고가 진술한 김효원 관련 내용은 사실을 교묘하게 왜곡하고 있습니다. 김효원이 윤원형 집에 출입했다고 해서 이것이 바로 붕당의 형성으로 연결된다고 볼 수 없는 것 아닙니까? 더구나 피고 말대로라면 조선의 당쟁이 약 400년 이상 지속되었다는 것인데 그러고도 나라가 유지될 수 있었겠습니까?

판사　김딴지 변호사의 말씀을 듣고 보니 정말 그러네요.

김딴지 변호사　판사님, 피고의 글을 문제 삼는 이유는 붕당 자체를 매우 부정적으로 보았다는 것 때문만은 아닙니다.

판사　그렇다면 어떤 이유 때문입니까?

김딴지 변호사　피고가 책을 쓴 의도가 불순했기 때문입니다. 순수하게 학문적인 입장에서 썼다면 넘어갈 수도 있습니다만, 정치적인 의도가 숨겨져 있었습니다. 그렇지요, 피고?

시데하라 히로시　글쎄요, 김딴지 변호사께서 무슨 말씀을 하시는지 모르겠습니다. 앞서 말씀드렸다시피 내가 붕당 문제에 관심을 갖게 된 것은 당시 조선의 발전을 가로막는 가장 큰 문제가 정치적인 분쟁이라고 봤기 때문입니다. 그래서 책의 서문에 조선 사람들의 현재 상태를 이해하기 위해서는 당쟁에서부터 그 원인을 찾아야 한다고 쓴 것입니다.

김딴지 변호사　국정 심사를 위해서 필요한 자료였기 때문이 아니고요? 제가 조사해 본 결과 피고의 책은 학위를 받은 지 3년 만인 1907년에 출간되었습니다. 일본 제국은 그로부터 3년 뒤인 1910년,

개발을 위해서라는 말도 안 되는 이유로 조선을 강제 합병하여 식민지화했지요. 판사님, 혹시 국정 심사라는 말의 의미를 아십니까?

판사 글쎄요, 잘 모르겠는데요.

김딴지 변호사 국정 심사란 일제의 식민지 정책을 수행하기 위해 필요한 자료를 제공하는 일입니다. 피고는 이 책을 그러한 목적에 따라 썼습니다. 순수한 학문적 목적이 결코 아니었지요.

김딴지 변호사의 발언이 끝나자 방청석이 술렁대기 시작했다.

"그럼 시데하라가 조선을 식민지화하는 데 필요한 연구를 한 거야?"

"조선의 역사를 왜곡하다니! 당장 사과해라!"

판사 다들 조용히 해 주십시오. 원고 측 변호인의 말씀을 들자 하니, 피고가 악의적으로 조선의 붕당을 왜곡했다는 것이군요?

우키다 변호사 악의적이라니요. 설마 그럴 리가 있겠습니까? 다만 결과적으로 식민지 정책에 협조하게 됐을 뿐입니다. 조선을 발전시키려고 말입니다!

김딴지 변호사 예. 우키다 변호사의 말대로입니다. 결과적으로 식민지 정책에 협조하게 된 것은 물론이고, 그 불순한 의도는 이후 조선에 대한 부정적 느낌을 심어 주는 데 큰 역할을 했지요. 더 나아가 이 책은 조선을 연구하는 전 세계의 많은 학자들에게도 좋지 않은 영향을 미쳤습니다.

판사　피고의 책이 이후 역사학계에 상당한 영향을 끼쳤다는 이야기로 들리는데요, 맞습니까?

김딴지 변호사　예, 그렇습니다. 앞서 말씀드린 것처럼
▶피고의 입장은 이후 일본 제국이 조선을 식민지로 만드는 것을 역사학적인 측면에서 뒷받침하게 됩니다. 바로 식민 사학(植民史學)의 한 갈래인 당파성론(黨派性論)을 만들어 내게 되지요.

판사　당파성론이요?

김딴지 변호사　예. 이 당파성론에서는, 조선 민족을 천부적으로 통합이나 통일은 이루어 내지 못하고 마냥 개인의 이익에 따라 나눠지고 분열되는 민족성을 가졌다고 했규정하고 있습니다.

판사　이 부분은 잘 이해가 되지 않는군요. 2002년 월드컵 때 도심에 모여 응원하는 한국인을 보았다면 이렇게 말할 수 있을지 의문입니다. 어쨌든 원고 측 변호인, 계속하시지요.

김딴지 변호사　예. 말씀드린 대로 시데하라의 이 책은 이후 다른 학자들에게도 많은 영향을 미쳤습니다. 예를 들어 **가와이 히로다미**는 조선에 당쟁이 발생한 것을 경제생활이 곤궁한 것과, 이에 따른 사회 조직의 문란이 그 원인이라고 했습니다. 심지어 **호소이 하지메**라는 학자는 조선 사람의 혈액에 특이한 검푸른 피가 섞여 있어 당쟁이 지속된다고 할 정도였지요. "여하한 대영웅도 하룻밤에 그 국민

가와이 히로다미

1907년 조선으로 건너와 조선 경제사를 연구했습니다. 조선 당쟁의 원인을 경제적인 문제에서 찾았던 일본 학자입니다.

호소이 하지메

1908년 조선으로 건너와 신문 기자와 조선 연구가로 활동한 인물입니다. 1911년『조선문화사론』, 1914년『정쟁과 당쟁』등의 책을 출간했습니다. 언론이나 저술 활동을 통해 일본을 중심으로 한 '대일본 제국'의 건설을 꿈꾸었던 인물로 평가되고 있습니다.

교과서에는

▶ 일제는 조선 침략을 본격화하면서 고대사부터 근대사에 걸쳐 한국사를 왜곡했습니다. 특히 20세기에 들어와 일본 도쿄 제국 대학 사학과가 중심이 되어 식민 사학의 논리를 확정하고 이를 한국사에 적용했습니다. 일제의 한국사 왜곡의 논리에는 정체성, 타율성, 당파성, 일선 동조론 등이 있습니다.

의 피부나 머리칼의 색, 눈동자의 빛을 바꿀 수는 없다. 좋은 것이든 나쁜 것이든 수백 년에 걸쳐 육성된 인격 또는 국격(國格)을 바꾸는 것은 용이한 일이 아니다"라고 하여 당파적 성향을 조선 민족의 고질적인 민족성으로 고정시켜 놓았습니다. 판사님, 혈액이 순수하지 못해 당쟁이나 일삼는다는 이야기가 말이 됩니까?

판사　원고 측 변호인, 좀 흥분하신 것 같은데 진정하시고요. 피고는 원고 측 변론에 대해 어떤 입장인지 말씀해 보시지요.

시데하라 히로시　내 책으로 말미암아 조선에 대해 부정적인 인상을 퍼뜨리게 되었다면 죄송합니다. 그런데 사실 나 말고 조선 사람 중에도 정치적 분쟁의 심각성을 지적한 사람이 여럿 있었습니다. 당대 최고의 지식인이었다고 평가되는 이광수 같은 사람도 분열밖에 모르는 조선 민중의 민족성은 반드시 개조되어야 한다고 지적하기도 했지요. 그러니 이를 나만의 책임으로 돌리는 것은 옳지 않습니다.

판사　알겠습니다. 피고 측 변호인, 추가 신문을 하시겠습니까?

우키다 변호사　감사합니다, 판사님. 이광수가 누구입니까? 당시 한반도 내에서 가장 뛰어난 수재로 알려진 사람이 아닙니까? 여기서 잠시 그의 생애와, 그가 주장했던 '민족개조론'에 대해서 이야기하고 넘어가야 할 것 같습니다. 이광수는 1892년 평안북도 정주에서 출생했고 일본 메이지 학원을 비롯해 일본 와세다 대학 등에서 공부했습니다. 이 과정에서 그는 한국 최초의 근대 장편 소설이라고 평가되는 『무정』을 집필했습니다. 1919년 도쿄 유학생이 중심이 된

2·8 독립선언서의 기초를 만들었으며, 상하이로 망명해서는 임시 정부에 참가하여 『독립신문』을 내기도 했지요. 1921년 귀국한 뒤에는 『동아일보』와 『조선일보』 등 언론계에서 활약하기도 했습니다. 그러나 1930년대 후반부터는 본격적인 친일 행위를 한 것으로 알려져 있습니다. 이광수는 1922년 『개벽』 5월호에 '민족개조론'을 발표했습니다. 조선 민족 진로의 근본적 방향 전환을 위해 민족 개조를 주장했던 것입니다. 특히 그의 주장은 민족성 개조와 상통하는 것이었습니다. 그가 파악한 조선의 민족성은 나태함, 비겁함, 신의와 사회성 결핍 등이었지요. 일본 제국이 주장한 당파성론을 받아들인 것입니다. 이광수 같은 인물이 당파성론을 들어 민족을 개조해야 한다고 이야기했는데, 이것을 피고의 영향으로만 돌릴 수는 없을 것 같습니다.

김딴지 변호사　　판사님, 오히려 피고나 우키다 변호사의 말씀은 피고의 책이 얼마나 많은 영향을 끼쳤는지 그 심각성을 입증할 수 있는 자료가 됩니다. 피고 측 변호인이 말씀하신 대로 당시 최고의 지식인인 그마저도 이를 받아들였다면 일반인은 더욱 쉽게 받아들였을 것입니다. 안 그렇습니까?

판사　　글쎄요, 시데하라가 주장한 당파성론과 이광수의 민족개조론과의 관련성을 쉽게 찾을 수 없습니다. 재판을 진행하는 과정에서 생각해 보기로 합시다. 원고 측 변호인, 더 하실 말씀 있습니까?

김딴지 변호사　　물론 일제 강점기라고 해서 모두 조선의 붕당을 부정적으로 보았던 것은 아닙니다. **안확**이라는 분은 오히려 당파가 발

안확
음악을 비롯해 국문학 관계의 자료를 정리한 국학자입니다. 그의 저술 가운데 『조선문명사』는 조선 시대 붕당에 대해서 긍정적으로 평가했습니다.

전하지 못하고 단절되어 정치가 쇠퇴했다고 하면서, "당파에는 주의(主義)나 주장이 있어야 정당(政黨)이 될 수 있으며, 그렇지 않으면 도당(徒黨)이다"라고 했습니다. 조선의 붕당을 근대적인 정당의 개념에서 이해한 것이지요. 그는 시데하라나 이광수처럼 붕당을 나쁘게만 보는 것은 옳지 못하다고 했고, 조선의 정치를 발전적인 것으로 평가했습니다. 노론과 북인은 진보적인 자유당, 소론과 남인은 보수당으로 나누었고, 500년 조선 왕조가 유지됐던 줄기는 붕당의 등장이라고 주장하면서 견제와 감시가 조선의 정치를 발전시켰다고 보았습니다.

주의
주장이나 정책을 뜻합니다.

도당
불순한 사람들의 무리를 뜻합니다.

판사　알겠습니다. 더 하실 말씀 있으신가요?

김딴지 변호사　없습니다.

판사　그럼 오늘의 변론은 이것으로 마치도록 하겠습니다. 오늘 재판으로 원고와 피고 측의 조선 붕당에 대한 인식 차이를 알 수 있었습니다. 다음 재판에서는 역사 속으로 들어가 붕당의 실제적인 모습을 살펴보기로 하겠습니다.

　땅, 땅, 땅!

일본 제국의 식민 사학, 그 의도는?

일제는 1910년 조선을 강제 합병한 뒤 이에 대한 정당성을 주장하는 여러 논리를 개발하기 시작했습니다. 이런 논의들은 1910년 이전부터 진행되었고 이것이 이후 식민 사학이라는 하나의 흐름을 만들어 냈습니다. 예를 들면 경제 부분에서는 정체성론, 정치 부분에서는 당파성론이 있으며, 이밖에 사대주의론이나 일선 동조론(日鮮同祖論) 등이 있습니다.

정체성론

한반도의 경제 상태가 고대의 경제 체제에 머물렀다는 주장입니다. 전 세계적인 경제 발전 과정 속에서도 경제적으로 성장하지 못하여 자급적인 경제 단계에 머물고 있었으며, 토지 소유의 관념도 없었다는 것이지요. 이는 일제의 경제가 조선의 경제보다 우월하다는 인식이 전제된 것으로, 결국 일제의 조선 식민지화를 정당화하기 위한 이론입니다.

당파성론

조선인에게 분파와 대립을 조장하는 민족성이 있고, 이것이 결국 조선 시대 당쟁으로 나타났다는 논리입니다. 그러면서 조선 시대 붕당이 주의나 강령이 없이 오직 권력 쟁탈만을 우선했다고 주장했습니다.

사대주의론

조선이 반도라는 지형적 특성으로 말미암아 언제나 대륙의 영향을 받으며 중국에 사대했는데, 이것이 근본적으로 민족성에서 유래했다는 내용입니다.

일선 동조론

일제와 조선의 조상이 같으므로 양국은 형제의 나라라는 것입니다. 따라서 고통받고 있는 조선인을 형제국인 일제가 도와주어야 한다는 것이지요.

이처럼 식민 사학은 모든 부분에서 치밀하게 준비되었습니다. 하지만 이들 식민 사학자들의 주장은 근거가 빈약할 뿐 아니라 논리적으로도 많은 허점을 갖고 있습니다. 그럼에도 일제 강점기에 널리 확산된 것은, 조선 침략을 이론적으로 뒷받침하고 합법화하려는 의도가 있었기 때문이지요.

다알지 기자

　　시청자 여러분 안녕하십니까? 법정 뉴스의 다
알지 기자입니다. 오늘은 율곡 이이 선생이 시데
하라 히로시를 상대로 소송을 제기한 재판 현장에 나
와 있습니다. 붕당의 인식 문제와 관련하여 붕당이란 무엇이고, 일제
가 주장했던 당파성론의 문제점이 무엇인가를 알 수 있는 유익한 시간
이었습니다. 하지만 붕당이 조선의 역사를 가능하게 한 정치 구조였다
는 원고 측 입장과 조선을 망하게 한 당파 싸움에 불과했다는 피고 측
입장이 팽팽하게 맞섰는데요. 첫 재판이 끝내고 나오는 원고와 피고를
직접 모셔서 한 말씀 들어 보기로 하겠습니다.

이이

　재판 과정에서 이야기했습니다만, 붕당이
조선을 망하게 했다는 시데하라 히로시의 주장
이 근거가 없다는 점을 입증하기 위해서 이 소송을 제
기한 것입니다. 시데하라 히로시는 조선의 붕당이 특별한 정책이나 주
의를 가진 조직이 아니고, 오직 이익만 따져 서로 배척하던 사당이었
기에 마음씨가 음흉하고 사납다고 했습니다. 아울러 조선의 500년 역
사에서 이들 붕당으로 말미암은 당쟁이 400여 년간 지속되었다고 했
습니다. 이렇게 오랜 기간 동안 싸우기만 했다면 과연 나라가 유지될
수 있었겠습니까? 말도 안 되지요. 더 심각한 문제점은 시데하라 히로
시가 일제의 조선 침략을 합법화하기 위해 이 이론을 만들었다는 것입
니다. 따라서 그의 주장은 반드시 시정되어야 합니다.

**시데하라
히로시**

        나는 1904년에 조선에 건너와 학부 참정관으로 생활하면서 많은 것을 보았습니다. 특히 조선의 정치에 문제점이 있다는 것을 알게 됐고, 그 원인을 추적했지요. 그 원인은 연산군 대에 발생했던 무오사화부터 약 400년 동안 지속된 당쟁에서 파생된 것이었습니다. 나는 이를 좀 더 체계적으로 정리할 필요성을 느꼈고, 『한국 정쟁지』라는 책을 썼습니다. 따라서 내 책은 당시 한국의 문제점을 역사적으로 진단하고, 그 해결책을 찾기 위한 것이었습니다. 그리고 이를 국정 심사에 보태게 됐던 것일 뿐이며, 그 일이 내 모국인 일본을 위해서만은 결코 아니었다는 점을 알아주셨으면 합니다.

붕당을 이룬 사림,
사림을 사로잡은 백자

원래 지방에 근거지를 둔 지식인으로 지방에서 영향력을 행사해 오던 사림은
조선 중기 정치에 나서면서 세력을 키우게 되지요. 세력이 점점 커지면서 뜻도
갈라져 서인과 동인으로 갈라지기도 하지요. 이렇게 뜻이 갈라져 붕당을 이루던
사림이지만 이들의 마음을 하나로 사로잡은 것이 있답니다. 바로 백자이지요.

백자 달 항아리

높이 41센티미터의 항아리로 다른 빛깔로 장식이 되지 않은 순백자에 속해요.
달걀색과 비슷한 순백색의 항아리로 얇은 입과 우묵한 받침, 부드럽게 벌어진
몸에서 백자 특유의 단정함을 느낄 수 있지요. 화려한 무늬가 없음에도 충분히
그 형태와 빛깔만으로도 아름다운 백자의 매력에 많은 사람들이 빠졌답니다.

백자 난초 무늬 항아리

조선 시대 선비들은 매화·난초·국화·대나무 등 네 가지 식물을 매우 사랑했어요. '네 군자'라는 뜻에서 '사군자'라고 부르기도 하며, 덕과 학식을 갖춘 사람을 사군자라 불렀답니다. 이 중 난초는 깊은 산중에서 은은한 향기를 멀리까지 퍼뜨린다고 하여 선비들은 그림으로 그리기도 하고, 키우기도 하며 유독 아꼈지요. 사진 속 유물은 하얀 백자 항아리에 난초 무늬가 그려진 것이 특징이에요. 여백을 살리면서 간결하게 그려진 난초의 모습이 아주 단정하답니다.

백자 모란나비 무늬 편병

조선 시대 백자는 무늬와 색을 넣지 않는 순백자를 기본으로 하고 있어요. 그런데 이런 순백자에 부분적으로 무늬를 표현한 형태도 있었지요. 이 중 상감 백자가 있는데, 우윳빛의 색을 띠고 표면에 잔금이 생기는 것이 특징이지요. 사진 속 유물도 이러한 상감 백자 중 하나예요. 모란줄기와 모란꽃, 나비를 새긴 편병이지요. 편병은 몸체의 양쪽 면이 편평하고 납작하며, 위쪽에 주둥이가 달린 휴대용으로도 쓰인 술병을 말한답니다.

백자 연적

연적은 벼루에 먹을 갈 때 쓰는 물을 담아 두는 그릇이에요. 그 형태가 다양하며 글을 쓰는 선비에게는 꼭 필요한 물품 중 하나였어요. 조선 시대에는 백자로 연적을 만들었는데 사진 속 유물도 이러한 연적에 해당한답니다. 가장 왼쪽 위에 있는 것은 '수탉 모양 연적'으로 주둥이를 쫑긋 모으고 하늘을 우러르는 모양으로 만들어졌어요. 그 옆의 연적은 '토끼 모양 연적'으로 방울을 달고 있는 것이 특징이지요. 가장 오른쪽에는 두꺼비의 특징이 잘 묘사된 '두꺼비 모양 연적'이랍니다.

출처: 국립중앙박물관(www.museum.go.kr)

붕당은 어떻게
시작되고 변했을까?

1. 동인과 서인이 생긴 이유는 무엇일까?
2. 조선 정치와 붕당의 역사

1

동인과 서인이 생긴
이유는 무엇일까?

판사   이이 대 시데하라 히로시의 두 번째 재판을 시작하겠습니다. 이제 조선의 붕당이 어떤 모습이었는지 좀 더 구체적으로 알아보도록 하겠습니다. 원고 측 변호인 먼저 진술하세요.

김딴지 변호사   ▶조선에서 붕당이 처음 형성된 것은 선조 임금 때로, 사림 세력이 정치를 주도하는 과정에서였습니다. 이와 관련된 내용은 원고 율곡 이이 선생의 진술을 통해서 밝혀 보도록 하겠습니다. 원고는 동인과 서인이 생길 때 그 중심에 있었기 때문에 실상을 잘 알고 계시리라 생각됩니다. 먼저 붕당이 형성되기 전 조선의 역사적 배경부터 말씀해 주시지요.

이이   예, 그렇게 하지요. 아까 말씀하셨던 것처럼 사림이라는 존재는 15세기 후반 성종 때부터 점차 정치에 등장하기 시작했습니다. 이들이 바로 정치 권력을 장악할 수 있었던 것은 아닙니다. 당시 정치를 주도하던 훈구 세력의 견제로 몇 차례 화를 당하면서 많은 사림이 죽기도 했지요. 하지만 역사의 흐름은 거역할 수 없었고, 사림 세력은 명종 임금이 재위하던 후반부에 본격적으로 정치에 진출하기 시작했습니다. 이후 선조가 왕위에 오르면서 정치를 주도하게 되었지요.

판사   지금 원고의 진술 내용이 붕당의 발생과 무슨 관련이 있습니까?

이이   붕당이 생기기 이전의 정치적 상황을 설명해 두려는 것이지요. 흠 흠, 어렵게 정치를 주도하게 된 사림들은 기존에 정치를 주도하던 훈구 세력의 독주를 비판하고, 이들을 몰아내려고 했습니다. 을사사화 때 화를 입은 노수신 같은 사림들의 신원을 요구하기도 했지요. 노수신은 이조 전랑의 자리에 있었지만 을사사화 당시 파직되어 순천에 유배됐습니다. 이어 발생한 **양재역 벽서 사건** 때는 다시 진도에서 약 19년간 유배 생활을 해야 했습니다.

판사   정말로 긴 기간이군요.

이이   그렇습니다. 선조 초 사림 세력은 노수신과 같이 훈구 세력에 의해 피해를 받은 인사들을 **복권**시키면서 자신들과 정치적으로나 사상적으로 같은 입장에 있는 인사를 등용하기 시작했습니다. 앞서 훈구 세력이 주도하던 정

을사사화
1545년(명종 1)에 발생한 사화입니다. 인종의 외삼촌인 윤임 중심의 대윤과 명종의 외삼촌인 윤원형 중심의 소윤이 갈등하다가 대윤에 가담한 사림들이 화를 당한 사건입니다.

양재역 벽서 사건
명종 연간 양재역에 몰래 붙여진 글귀가 문제가 되어 발생한 사건으로 정미사화라고도 합니다. 벽서는 문정 왕후와 당시 권력을 잡고 있던 이기 등을 비난하는 내용이었습니다. 이 일로 을사사화에서 살아남은 사림계 인물들마저 대거 화를 당했습니다.

복권
법률상으로 일정한 자격이나 권리를 상실한 사람이 이를 다시 되찾는 것을 말합니다.

교과서에는

▶ 사림이란 조선 건국에 협력하지 않고 지방에 머무르며 학문과 교육에 힘썼던 선비 집단입니다.

치에 대한 폐단을 극복하기 위한 과정이라고 할 수 있겠지요.

김딴지 변호사　　그렇다면 사림들이 원하는 대로 개혁이 제대로 이루어졌나요?

이이　　그동안 권력을 잡고 있던 몇몇 인물을 제거하거나, 앞서 훈구 세력이 정치를 주도하는 과정에서 피해를 입었던 인사들의 복권에는 크게 문제가 없었습니다.

김딴지 변호사　　원고의 말씀을 듣다 보면 왠지 다른 부분에서는 그렇지 않았다는 말씀처럼 들리는데요?

이이　　그렇습니다. 여러 방면에서 개혁을 추진하다 보니 같은 사림들 내에서도 의견 차가 드러나기 시작했습니다. 선조 초반 조정에는 매우 다양한 정치적 입장이 존재했습니다. 어떻게 개혁을 추진해야 옳은지에 관한 의견도 서로 달랐지요. 이해를 돕기 위해 예를 들어 말씀드리지요.

김딴지 변호사　　예, 그게 좋겠네요.

이이　　이조 전랑을 둘러싼 문제를 말씀드리겠습니다. 이조 전랑이란 조선 시대 문신의 인사를 주관하던, 이조 소속의 5품 관원인 정랑과 6품 관원인 좌랑을 합해서 부르는 명칭입니다. 이들은 비록 품계는 낮지만 당시로서는 막강한 권한을 가지고 있었습니다.

김딴지 변호사　　막강한 권한이라면 어느 정도였습니까?

이이　　▶이들 이조 전랑은 이조에서 이루어진 인사 행위에 권한을 행사했습니다. 특히 조선 시대 조정에서 언론을

교과서에는

▶ 이조 전랑은 삼사(사헌부, 사간원, 홍문관)의 관리에 대한 인사권을 가지고 있었고, 스스로 자신의 후임을 추천할 수 있었습니다. 삼사의 관리들은 언론 활동을 통해 이조 전랑을 지원했습니다. 이들은 붕당 정치 운영 과정에서 공론 형성에 중요한 역할을 했습니다.

담당하던 삼사(三司) 관원들의 인사권에 대해 성향이 맞지 않으면 거부권을 행사할 수도 있었습니다. 그들의 품계로만 본다면 쉽게 상상할 수 없습니다만, 사실입니다. 더하여 이조 전랑은 자신의 후임을 스스로 추천하여 임명할 권한도 있었습니다. 이를 자천제(自薦制) 또는 자대제(自代制)라고 합니다. 이중환은 『택리지』에서 이러한 체제에 대해서 하위 관원이 상위 관원을 견제하는 것으로 설명해 놓았습니다. 정확한 설명입니다. 고위 관원이 인사, 국정의 정책 결정권 등을 통해 권력을 행사한 반면, 하위 관원인 이조 전랑을 비롯해 이들에 의해 선발된 삼사의 관원들은 언론 기능을 통해서 상위 관원의 힘을 견제했습니다. 이야기가 좀 길어졌습니다만, 이조 전랑이란 관직은 당시 정치 운영 방식의 핵심적인 바탕이라고 할 수 있습니다. 그런데 사림들 내에서 이 정치 운영 방식에 대해 의견 차이가 생겼지요.

김딴지 변호사　　어떠한 의견 차이를 말씀하시나요?

이이　　당시 고위직에 있던 이준경을 비롯해 홍담 등은 이조 전랑에 부여된 권한이 부당하다면서 앞서 말씀드린 체제를 못마땅하게 생각했습니다. 반면 당시 언관직에 있던 하위 관원들은 찬성했지요. 그 밖에도 고위 관원과 하위 관원은 예(禮)의 적용이라든지 을사사화 공신들에 대한 조정 문제 등 여러 가지 사건에 대한 의견 차이로 서로 대립했습니다.

자천제
후임을 스스로 추천하는 제도로 이조와 병조 전랑을 임명할 때 이용했습니다.

『택리지』
조선 후기(18세기) 실학자인 이중환이 지은 인문 지리서로, 전국 8도의 살기 좋은 곳을 선택하여 풍수지리설에 입각하여 설명했고, 그 지방의 지역성을 정치, 경제, 사회, 문화, 인물 등과 관련하여 서술했습니다.

홍담
조선 중기의 문신입니다. 이조와 병조 판서 등을 역임했습니다. 후일 청백리에 선정되었습니다.

언관직
조선 시대 조정 내 언론을 담당하던 관직을 말합니다. 사헌부, 사간원, 홍문관 소속의 관직이 이에 해당됩니다.

김딴지 변호사 　그렇군요. 원고의 말씀을 통해 사림의 정치적인 입장 차이가 뒷날 붕당의 형성으로 이어진다는 것을 알 수 있었습니다. 서로 다른 정치적인 견해를 가지고, 대립과 절충을 통해 의견을 결정하는 것은 현대 정치와도 일맥상통하는 발전된 모습이었다고 생각합니다.

우키다 변호사 　판사님, 이의 있습니다!

판사 　받아들입니다.

　왜 조선에는 붕당 정치가 이루어졌을까?

우키다 변호사　　원고 측 변호인은 지금 단편적인 사실을 확대 해석하는 오류를 저지르고 있습니다.

판사　　법정의 균형 유지를 위해 원고에게 묻겠습니다. 원고가 말씀하신 붕당의 형성 원인은, 단순히 어느 쪽이 정치의 주도권을 잡느냐 하는 문제가 아닐까요?

이이　　아닙니다. 사림들이 국가 운영을 주도하는 상황에서 서로의 입장 차이가 드러난 것으로 보아야 합니다. 단지 권력만을 위한 것은 아닙니다.

판사　　붕당이 그렇게 긍정적인 것이라면 이준경이 선조 초반에 붕당이 생길 것을 우려하는 상소문까지 올린 이유는 무엇입니까?

이이　　지금 말씀하시는 것이 동고 이준경이 올린 상소인 듯합니다. 하지만 상소문을 올렸다고 해서 무조건 옳은 의견이라고 볼 수는 없습니다.

우키다 변호사　　판사님, 원고 측과 저희 측에 입장 차이가 있습니다. 선조 초반 붕당의 조짐을 미리 예견했던 이준경 선생을 증인으로 모셔 진술을 듣고자 합니다.

판사　　좋습니다. 증인은 앞으로 나오시지요.

증인 이준경이 증인석으로 나와 선서를 한 뒤 자리에 앉았다.

우키다 변호사　　증인은 자기소개를 간단히 해 주시기 바랍니다.

이준경　　안녕하세요, 나는 조선 중기 때 정승을 지낸 이준경입니다. 나는 사화로 피해를 받은 사람을 다시 등용하는 데 앞장섰지요. 나의 할아버지는 1504년(연산군 10)에 발생한 갑자사화 때 화를 당했던 이세좌라는 분입니다. 이 일이 일어날 때 나는 겨우 여섯 살밖에 되지 않았으나 충청도 괴산에서 유배 생활을 해야 했습니다. 당연히 훈구 세력에 대해서는 별로 감정이 좋지 않았습니다. 이후 중종반정으로 풀려난 뒤 학문에 정진하다가 1531년(중종 26) 문과에 급제한 뒤 관직 생활을 시작했습니다. 나는 이후에도 훈구 세력에게 핍박을 받아 유배 생활을 해야 했지만 그래도 계속 승진하여 선조 대에는 영의정까지 지내기도 했습니다. 오늘 원고로 나오신 이이 선생님과는 구면이지요. 반갑습니다.

이준경이 원고석에 앉아 있는 율곡 이이에게 가볍게 인사를 던지자 이이도 고개를 살짝 숙이며 알은 체를 했다.

우키다 변호사 빙청석에서 재판 과정을 보셔서 아시겠지만, 오늘은 붕당과 관련된 논의를 하고 있습니다. 증인은 살아생전 붕당의 발생을 우려한 글을 왕에게 올리신 적이 있지요?

이준경 그렇습니다.

우키다 변호사 그때 왕에게 올린 글의 내용은 무엇입니까?

이준경 간단히 말씀드리면 조정의 신하들 사이에서 붕당이 발생할 조짐이 있다는 내용입니다. 또 이로 인해 허위 풍조가 형성될 것을 경계했지요.

우키다 변호사　그렇군요. 붕당이 생기면 반드시 허위 풍조가 뒤따랐기 때문이지요?

김딴지 변호사　판사님, 지금 피고 측 변호인은 억지 주장을 하면서 증인을 압박하고 있습니다.

판사　인정합니다. 피고 측 변호인은 조심해 주세요. 그런데 저도 그 이유가 궁금하군요. 증인은 무슨 근거로 그 같은 말씀을 하셨습니까?

이준경　당시 사림들 사이에 자기와 한마디 말이라도 일치하지 않으면 배척하면서 포용하지 않으려는 풍조가 있었습니다. 이런 이들은 행동을 조심하지 않고, 독서에도 힘쓰지 않으면서 서로를 친구로 삼고 훌륭하게 여기니, 이 어찌 허위 풍조가 아니겠습니까? 선조 임금께서 왕위에 오르신 초반에는 사림들이 서로 마음을 모아 새로운 사회를 만들어 가야 하는 중요한 시기였습니다. 그런데 일부에서 이런 모습을 보이니 어찌 답답하지 않았겠습니까?

우키다 변호사　그럼 증인은 선조가 왕위에 오르신 뒤 가장 먼저 처리해야 할 일이 무엇이라고 생각하셨습니까? 또 어떤 일들을 하셨나요?

이준경　예. 사실 선조께서 왕위에 오르신 뒤 나를 비롯한 사림은 새로운 정치를 생각했습니다. 그래서 앞 시대에 잘못된 여러 폐단을 개혁하는 데 주력했습니다. 나 역시도 전에 억울하게 화를 당한 사림의 억울함을 풀어 주어야 한다고 주장했고, 이기 등의 죄를 지적하면서 관직을 삭탈하자고 요청했습니다.

이이   판사님, 증인에게 한 말씀드려야 할 것 같습니다.

판사   좋습니다.

이이   여전히 증인의 말씀에 이해하지 못할 부분이 있습니다. 증인께서는 살아생전 사화를 입은 사림들의 억울함을 풀어 주려 했다고 주장하셨지요. 그런데 왜 을사사화 피해자의 신원에 대해서는 말씀하시지 않았나요?

이준경   당시 원고를 비롯한 여러 사람들이 을사사화 피해자들을 신원하자는 주장을 했다는 사실을 잘 알고 있었습니다. 그러나 이런 일들까지 급하게 처리하다 보면 또다시 조광조처럼 화를 입을 수 있을 것이라고 생각했습니다. 그래서 좀 천천히 하자고 했던 것뿐이지요.

이이   물론 나도 증인께서 을사사화 문제를 완전히 무시했다고는 생각하지 않습니다. 하지만 어쨌든 이런 점이 바로 선배 사림들과 우리 후배 사림들의 다른 점이라고 할 수 있습니다.

판사   자, 그만하시지요. 지금은 승인의 신술을 듣는 시간입니다. 피고 측 변호인, 계속하시지요.

우키다 변호사   증인과 원고와의 논란 과정에서 엿보았습니다만, 이미 선조 초반부터 선배와 후배 사림 사이에 팽팽한 긴장감이 형성되어 있었습니다. 이것이 후일에 붕당 형성의 시초가 된 것이라고 생각됩니다. 이 문제에 대해서 증인은 어떻게 생각하십니까?

이준경   물론 선조 초반 이러한 정치 상황이 이후 붕당의 형성과

전혀 무관할 수는 없습니다. 하지만 이때는 양측의 갈등이 그렇게 심각하지 않았고 서로 생각하는 것이 근본적인 면에서 크게 다르지 않았습니다. 그래서 이때의 논란이 붕당의 형성으로까지 이어지지는 않았지요.

판사　그렇다면 왜 증인은 죽기 전 왕에게 붕당이 생길 것이라는 글을 올렸나요?

이준경　글쎄요. 나는 그저 순수한 마음에서 이런 글을 올렸던 것뿐입니다. 자칫 붕당이 생기고 이로 말미암아 조정이 어지러워지는 것을 원치 않았으니까요.

판사　당시 상황에서 붕당이 형성된다고 해도 공공연하게 상대방을 비방하거나, 무리 지어 나쁜 짓을 할 수 있는 상황이 아니었던 것 같은데요. 그런데 증인이 이 같은 글을 올렸기 때문에 왕이 원고를 비롯한 사림을 의심하게 되었을 수도 있지 않겠습니까? 오히려 이것이 화를 불러올 수도 있다는 생각을 해 보시지 않으셨나요?

이준경　나는 그렇게 심각한 상황까지 생각하지는 못했습니다. 그저 늙은이가 죽기 전에 나라를 위해서 할 수 있는 것이 무엇일까 고민하던 차에 이 같은 글을 올렸을 뿐입니다.

판사　알겠습니다. 피고 측 변호인은 더 하실 말이 있습니까?

우키다 변호사　없습니다. 증인의 진술을 통해서 이미 조정에 붕당의 조짐이 있었고 그것이 상당히 뿌리 깊게 존재했음을 알 수 있었습니다.

판사　증인은 자리로 돌아가셔도 좋습니다. 다음은 조선 최초의

붕당이라고 할 수 있는 동인과 서인의 형성에 대해서 이야기해 봅시다. 원고 측 변호인, 말씀하시지요.

김딴지 변호사 　피고 측 변호인의 주장에 대해 해명하기 위해, 동인과 서인 붕당 형성의 주역 가운데 한 명인 김효원 선생을 증인으로 신청합니다.

판사 　인정합니다. 증인은 증인석으로 나오시지요.

　　판사의 호명을 받은 증인 김효원이 증인석에 앉았다.

"눈빛에 기개가 있어 보이는군!"

"그렇지? 당시 젊은 신하들을 대표하는 인물다워."

김효원이 증인 선서를 하고 증인석에 앉았다.

김딴지 변호사　증인은 먼저 자기소개를 간단히 해 주세요.

김효원　나는 변호사께서 말씀하신 바와 같이 붕당 형성의 주역 가운데 한 명으로 알려진 김효원입니다. 조식 선생과 이황 선생 같은 큰 스승들로부터 학문을 배웠습니다. 1565년(명종 20) 과거에 급제해 관직 생활을 시작했고, 이후 병조 좌랑이나 정언 등의 관직을 거쳤습니다. 젊은 관리들에게 상당히 믿음을 얻었고, 많은 사람의 존경을 받았지요.

판사　예, 감사합니다. 원고 측 변호인, 증인 신문을 하시지요.

김딴지 변호사　이렇게 자리해 주셔서 감사드립니다.

김효원　아닙니다. 붕당이 제대로 평가받는 자리라면 어디든지 갈 용의가 있습니다.

김딴지 변호사　역사상 증인과 심의겸의 갈등 과정에서 붕당이 형성된 것으로 전해지고 있는데요, 맞습니까?

김효원　그렇습니다.

김딴지 변호사　갈등의 내용은 무엇이었나요?

김효원　우리 사림과 심의겸은 출신이 다릅니다.

김딴지 변호사　출신이 다르다고요?

김효원　모르셨나요? 심의겸은 외척입니다! 명종의 왕비이신 인순 왕후의 동생이지요. 이렇게 왕비의 친가 사람들을 역사에서는 외척이라고 부르지요.

김딴지 변호사　그럼 그가 외척이었기 때문에 무조건 배척했다는 말씀이십니까?

김효원　변호사님 무슨 말씀을 그렇게 하십니까? 외척이라고 해서 무조건 배척할 수는 없지요. 더구나 심의겸은 명종 후반 우리 사림이 제거당하려고 할 때 이를 막아 준 공이 있습니다.

김딴지 변호사　그러면 왜 그와 그렇게 심한 갈등이 있었나요?

김효원　바로 앞서 원고인 이이 선생이 말씀하셨던 이조 전랑 문제가 그 계기가 되었습니다. 당시 나는 이조 전랑의 자리에 있었습니다. 내게는 후임 이조 전랑을 추천할 수 있는 자격이 있었지요. 그런데 어떤 사람이 나에게 심충겸을 후임으로 삼아 달라고 했습니다. 나는 그 사람을 호되게 꾸짖으며 그 청을 거부했지요.

김딴지 변호사　거부한 이유는 무엇입니까?

김효원　심충겸은 심의겸의 동생입니다. 말하자면 같은 외척이라고 할 수 있지요. 과거에 외척이 정지에 참여했다가 정사를 어지럽힌 일이 수도 없이 일어났습니다. 외척을 이조 전랑의 자리에 앉히는 것은 말도 안 되는 일이지요. 앞서 재판 과정에서 나왔습니다만, 이조 전랑은 조정 내 여론을 좌지우지할 수 있는 중요한 관직입니다. 따라서 이조 전랑에 대한 이러한 결정을, 어느 특정 관직을 놓고 벌어진 권력 다툼으로 이해하면 곤란합니다.

김딴지 변호사　아, 무슨 말씀인지 알겠습니다. 앞서 원고의 말씀처

럼 결국 이조 전랑 문제는 여러 가지 정치적 쟁점과 맞물려 있었다는 뜻이지요? 하위 관원과 상위 관원의 견제 관계를 비롯해, 공론을 중시하느냐 그렇지 않느냐는 문제, 나아가 외척의 정치 참여에 대한 입장도 관련되어 있었겠군요.

김효원　그렇습니다. 따라서 나와 심의겸의 다툼을 개인 간의 갈등으로 보아서는 안 됩니다.

판사　그렇다면 증인과 붕당 결성의 주체인 심의겸과의 갈등이 오

공론
공정한 의논 또는 공공의 논의 등으로 이해될 수 있는 용어입니다. 조선 시대 공론은 성리학 이념에 맞는 지배층의 여론을 말했습니다.

로지 공적인 이유만으로 이루어졌다는 말씀이십니까?

김효원　　판사님께서는 내가 개인적인 이익을 위해 붕당을 결성했다는 말씀이십니까? 추후 재판 과정에서 차차 설명이 되겠지만, 붕당은 나라를 어떻게 운영할 것인가 하는 중요한 문제와 연관되어 만들어졌습니다. 이조 전랑의 역할이 무엇입니까? 삼사의 관원들과 함께 조정 내 공론을 주도하는 것이 아닙니까? 하위 관원들의 공론을 인정하고 이를 정치에 반영할 것인가, 아니면 거부할 것인가를 판단하는 문제가 개인적이라니요? 말도 안 됩니다.

판사　　아, 그만, 알겠습니다. 이후에는 어떻게 되었나요?

김효원　　예. 당시 나와 심의겸의 논란에 사람들의 의견은 서로 달랐습니다. 김우옹, 유성룡, 허엽, 이산해, 이발, 정유길, 정지연 등이 나를 지지했는데 이들을 동인이라고 했습니다. 이는 내가 사는 집이 한양의 동쪽인 건천동에 있었기 때문입니다. 그리고 박순, 김계휘, 정철, 윤두수, 구사맹, 홍성민, 신응시 등이 심의겸을 지지했는데 이들을 서인이라고 했습니다. 심의겸이 한양의 서쪽인 정릉방에 살고 있었기 때문이었습니다.

판사　　이렇게 해서 동인과 서인의 붕당이 형성된 것이군요. 예, 증인 말씀 감사합니다. 자리로 돌아가셔도 좋습니다. 그렇다면 이렇게 형성된 붕당이 이후 어떤 모습으로 진행되었는지 살펴보도록 하겠습니다. 원고 측 변호인, 말씀하시지요.

김딴지 변호사　　예. 김효원과 심의겸의 대립은 결국 조선 최초의 붕당인 동인과 서인의 형성으로 이어졌습니다. 그러나 당시에는 아직

완벽한 붕당의 모습을 갖추지 않았기 때문에, 원고를 비롯한 몇몇 사람이 이를 막아 보려고 노력했습니다. 원고는 이에 대해 답변해 주시지요.

이이　　그렇습니다. 나는 자칫 붕당의 다툼이 격화되지는 않을까 해서 이를 수습해 보려고 노력했습니다.

김딴지 변호사　　그래서 수습이 되었습니까?

이이　　아니지요. 오히려 양자 간에 갈등이 더 심해지더군요. 내가 생각하기에는 양측 모두 옳은 점도 있고 틀린 점도 있었습니다. 먼저 심의겸의 경우 명종 말년에 우리 사림을 보호한 공로가 있었습니다. 그러나 외척이니 정치에 직접 참여하는 것이 좋아 보이지 않았지요. 김효원 역시 이조 전랑에 있으면서 사림을 대거 등용한 점은 공이라고 하겠으나, 젊은 날 한때라도 권력자의 집에 드나든 것은 옳지 않다고 봅니다.

김딴지 변호사　　지금 말씀하신 것이 그 유명한 '양시양비론(兩是兩非論)'이군요. 양측 모두 옳은 점도 있고 잘못된 점도 있다는 논리 말입니다.

이이　　하하, 그렇습니다. 그러나 이러한 논리로 동인과 서인의 갈등을 수습하는 데는 한계가 있었고, 나 역시도 동인으로부터 서인을 옹호한다는 비난을 받기에 이르렀습니다. 나는 초기에 붕당에 참여하지 않았으나, 붕당이 형성된 이후 약 5년 정도 흐르자 결국 서인의 당색을 갖게 되었습니다. 그런데 이렇게 되면서 조선의 붕당은 중요한 특성을 보여 주게 되었습니다.

김딴지 변호사　　　어떤 특성을 말씀하시는 것입니까?

이이　　▶붕당과 학파가 상호 관련성을 갖게 되었다는 점입니다. 동인은 서경덕이나 조식, 이황의 문인이 대부분이었고 서인은 나와 학문적으로 유대를 가진 정철, 송익필, 조헌, 윤두수, 윤근수 등이었습니다. 조선의 붕당은 정치적 이해관계에 따라 만들어진 조직이지만 학파가 연결되었던 것이지요.

김딴지 변호사　　　아주 중요한 말씀을 해 주셨습니다. 조선의 붕당은 학문적인 견해를 같이하는 학파와 일정한 관련성을 가지고 발전했습니다. 이에 따라 정치적인 논의도 더 풍부해질 수 있었던 것입니다. 이상입니다.

교과서에는

▶ 북인은 서경덕과 조식의 학통을 이어받았으며, 서인은 이이, 남인은 이황의 학통을 이어받았습니다.

조선 정치와 붕당의 역사

판사 　지금까지 조선에서 동인과 서인으로 붕당이 형성되는 과정을 살펴보았습니다. 이후에 붕당이 어떻게 변화했는지 알아보도록 하겠습니다. 피고 측 변호인이 진행하시지요.

우키다 변호사 　이와 관련해서는 붕당 정치에 관해 오랫동안 연구해 오신 역사학자 이사색 선생을 증인으로 신청합니다.

판사 　네, 좋습니다. 증인은 앞으로 나오시지요.

　역사학자 이사색이 증인 선서를 마치고 증인석에 앉았다.

우키다 변호사 　먼저 간단하게 자신에 대한 소개를 부탁드립니다.

이사색 　안녕하세요. 나는 조선 시대, 특히 붕당 정치를 중점적으

장계

조선 시대 지방의 관찰사·병사·수사 등이 자기가 관할하는 지역 내에서 발생한 중요한 일을 왕에게 보고하거나 청하는 문서입니다.

성혼

조선 중기의 문신이자 학자입니다. 이이와 함께 서인의 학문적 원류를 이루었습니다.

로 공부한 연구자입니다. 오늘 피고 측 증인으로 이 법정에 출석했으나, 나 역시 피고의 연구에 불만이 있습니다. 법정에 나서야 하나 고민을 많이 했는데 객관적인 사실만을 말하면 된다고 해서 이 자리에 나오게 되었습니다.

판사 　그럼요, 증인은 학자적 양심에 따라 객관적인 사실만을 말씀해 주시면 됩니다. 그럼 피고 측 변호인, 신문하세요.

우키다 변호사 　이렇게 어려운 자리에 나와 주셔서 감사합니다. 증인, 그럼 먼저 붕당 형성 후 주도권을 누가 잡았는지 말씀해 주시겠습니까?

이사색 　동인과 서인으로 붕당이 형성된 직후, 조정의 주요 관직은 대개 동인이 차지했습니다. 그런데 얼마 지나지 않아 이를 역전시키는 큰 사건이 발생했지요.

우키다 변호사 　어떤 사건입니까?

이사색 　1589년(선조 22) 황해 감사 한준이 선조에게 한 장의 비밀 보고서를 올렸습니다. 당시에는 이를 장계라고 했습니다. 장계가 접수된 날 삼정승 등 조정의 고위 관리들이 급하게 궁으로 모였습니다. 그 보고서의 내용은 정여립이 역모를 일으키려 한다고 고발한 것이었습니다.

우키다 변호사 　정여립은 어떤 인물인가요?

이사색 　정여립은 전주 출신입니다. 스물다섯 살에 문과에 급제했지요. 그러나 관직을 마다하고 서인 측 인사인 성혼이나 이이를 찾아가 학문을 토론했습니다. 후에는 전라북도 금구(金溝)로 내려가서 학문에 전념하여 '죽도 선생(竹島先生)'이라는 별명까지 얻게 되었습니다.

송익필
조선 중기의 학자입니다. 이이의 문인이며 후진 양성에 힘써 김장생·김집 등 많은 학자를 배출했지요.

우키다 변호사　대단히 흥미롭습니다. 그래서 이후에는 어떻게 되었나요?

이사색　1584년 동인 중 노수신이라는 인물이 정여립을 천거했습니다. 노수신은 김효원과 심의겸의 문제가 발생했을 때 김효원을 편들었다는 이유로 서인들에게 동인으로 지목되었습니다. 그런 그가 정여립뿐만이 아니라 동인인 김우옹, 이발을 함께 추천했던 것입니다. 정여립은 노수신의 천거를 받은 후에는 완전히 동인의 입장으로 돌아섰습니다. 그동안 평소 학문을 논의하면서 가깝게 지냈던 원고 이이를 '나라를 그르치는 소인'이라고 헐뜯기까지 했습니다.

판사　하루아침에 자신의 입장을 바꿨군요?

이사색　그렇습니다. 하지만 그는 왕의 미움을 받아 관직 생활을 지속하지 못하고 전라도로 낙향했습니다. 그곳에서 학문을 강론한다며 사람들을 모아 반란을 도모한 것입니다. 황해도와 전라도에서 모은 군사를 일으켜서 바로 서울을 공격하려고 했지요. 그러나 일을 벌이기도 전에 발각되자 자결했습니다.

우키다 변호사　그런데 이런 정여립과 관련된 역모 사건이 당시 정치에 어떤 영향을 미쳤습니까?

이사색　정여립 역모 사건을 서인 측에서 조작했다는 소문이 있었습니다. 그 조작의 중심에 송익필이 있다고도 했습니다. 그러나 현재

로서는 조작인지 아닌지 판가름하기가 쉽지 않습니다. 다만 이 역모 사건으로 말미암아 정치의 주도권이 동인에서 서인 쪽으로 이동한 것은 확실합니다. 정여립 역모 사건에 대해 기술하고 있는『연려실기술』에서는 이 사건의 여파에 대해서 다음과 같이 기록하고 있습니다.

큰 변고가 일어나니 서인들은 기뻐 날뛰고 동인들은 기운이 죽었다. 앞서 임금이 서인을 싫어하여 이산해를 이조 판서 자리에 10년 동안이나 두는 사이에 서인들은 모두 한적한 자리에 있게 되어 기색이 쓸쓸했다. 그런데 역변이 일어난 후에는 갓을 털고 나서서 서로 축하했으며 동인들은 스스로 물러나고, 서인은 그 자리에 올라서 사사로운 원한을 보복하기에 꺼리는 바가 없었다.

이 사건이 발각된 후 역모를 조사한 책임자가 서인인 정철이었습니다. 그는 아주 철저하게 조사했는데, 이때 동인이 대거 처벌받았습니다. 처벌된 인물들에는 이발·이길 형제를 비롯해 정언신, 백유양, 최영경, 정개청, 김빙, 이언길, 유덕수, 윤기신, 유종지, 김창일 등이 있었습니다. 이 사건이 기축옥사입니다. 정여립의 역모 사건과 기축옥사로 동인이 물러나고 서인이 정치를 주도하게 되었습니다.

우키다 변호사　　그렇군요. 그 후에는 어떻게 되었나요?

이사색　　정여립 역모 사건을 계기로 서인이 정치를 주도하게 되었는데, 사실 그 기간은 그리 길지 않았습니다.

우키다 변호사　　그럼 얼마 지나지 않아 정치를 주도하는 세력이 바꿰었나요?

이사색　　그렇습니다. 1591년(선조 24) 세자 책봉 문제와 관련된 일이 있었습니다. 이를 '건저의(建儲議) 사건' 혹은 '건저 문제'라고 합니다. 정여립 역모 사건으로 정국의 주도권을 장악한 서인들은 자신들의 입지를 확고히 하려 했습니다. 이때 정철이 세자 책봉을 건의했습니다. 국왕 선조가 생존한 상태에서 세자 책봉은 대단히 민감한 문제로, 신하들의 입장에서 사실 쉽게 꺼낼 수 없는 이야기입니다. 정철의『송강연보』에 따르면, 정승이 된 유성룡이 정철에게 말을 꺼냈고, 삼정승인 이산해와 유성룡, 정철이 함께 왕에게 건의했다고 합니다. 이때 이들이 세자 책봉 대상자로 거론한 인물은 광해군이었습니다. 그런데 함께 일을 도모한 이산해가 약속한 날짜에 나오지 않았습니다. 그뿐만 아니라 이산해는 신성군의 외삼촌 김공량에게 이 사실을 알렸지요. 선조는 인빈 김씨의 소생인 신성군을 세자로 점찍어 두고 있었습니다. 인빈 김씨와 김공량은 정철 등이 신성군 모자를 제거하려 했다고 선조에게까지 알렸습니다. 얼마 후 선조는 이 일을 문제 삼아 정철을 관직에서 내쫓았습니다. 정철이 쫓겨나는 것을 계기로 다시 동인이 정치를 주도하게 되었습니다.

우키다 변호사　　참 변화무쌍한 정치 상황이었군요.

이사색　　예, 그렇지요. 이렇게 동인이 정치를 주도하는 상황에서 서인의 처벌 문제로 내부적으로 갈등이 생겼습니다. 일부는 직접적으로 일에 관련된 사람들만 처벌하자고 주장했고, 일부는 서인 전체

건저의
세자를 정할 것을 건의하는 것입니다.

를 처벌하자고 주장했습니다. 전자가 후일에 남인이 되었고, 후자가 북인이 된 세력입니다. 동인이 이렇게 남인과 북인으로 갈라지게 된 것입니다.

김딴지 변호사 판사님, 이의 있습니다. 지금 피고 측 증인은 조선의 붕당을 치졸한 정치 싸움으로 몰고 있습니다. 그러나 이는 사실과 다릅니다. 당시 동인 내에는 다양한 학문적 경향을 가진 세력들이 모여 있었습니다. 그러다가 학문적 견해의 차이로 퇴계 이황의 문인들은 대개 남인으로, 남명 조식과 화담 서경덕 문인들은 북인으로 당색을 갖게 된 것입니다. 남인의 경우 현실 문제에 대해서 온건하면서도 실제적인 측면을 중시한 반면, 북인들은 강경하면서도 의리와 명분을 중시했지요.

판사 알겠습니다. 그 부분을 고려하도록 하지요. 피고 측 변호인, 계속 진행하세요.

우키다 변호사 예. 증인은 그 이후 남인과 북인의 동향에 대해서도 말씀해 주세요.

이사색 동인이 남인과 북인으로 나누어진 이후 조선의 상황은 좋지 않았습니다. 임진왜란이 일어났기 때문이지요. 임진왜란 중 남인의 유성룡을 중심으로 전시 체제가 운영되면서 붕당 간의 대립은 잠시 끝난 것 같았으나 임진왜란이 끝난 후 다시 시작되었습니다.

우키다 변호사 혹시 전후 처리 문제에 이견이 있었습니까?

이사색 네, 그렇습니다. 그 계기는 유성룡의 처벌 문제였습니다. 1598년 유성룡이 중국에 사신으로 파견되기로 결정된 적이 있었습

니다. 이때 유성룡은 자신의 어머니가 연로하여 갈 수 없

다고 사양했습니다. 그러자 북인들이 왕의 명령을 따르지

않았으니 잘못이라고 비난했습니다. 문제는 여기서 그치

지 않았습니다. 임진왜란 중이던 1593년(선조 26)과 1594

주화오국
화의(和議)를 주장해서 나라를
그르쳤다는 말입니다.

년에는 전세가 조선에 유리했습니다. 북인들은 유성룡이 중국의 협

조를 받아 일본군을 토벌하려고 했다면 충분히 할 수 있었는데, 먼

저 화친하자는 말을 꺼내서 나라를 잘못 이끌었다며 공격했지요. 유

성룡에게 이른바 '주화오국(主和誤國)'의 책임을 씌운 것입니다. 임진

왜란 중 상당수의 의병장들이 북인 출신들이었던 만큼, 이들은 강력

하게 척화를 표방할 수 있었습니다. 계속된 북인들의 주장으로 결국

유성룡과 남인들 대다수가 정계에서 물러났으며, 이후 정국은 북인

들이 주도했습니다. 여기서 한 가지 중요한 점을 확인할 수 있습니

다. 이들 남인과 북인은 모두 같은 뿌리인 동인에서 갈라져 나왔으

나, 북인은 정치 명분에 대단히 강경한 반면 남인은 유연한 자세를

보였다는 것이지요.

김딴지 변호사　　판사님, 증인의 증언을 들어 보면, 남인과 북인은

처한 상황에 어떻게 대처할 것인가, 또는 어떻게 나라를 운영할 것

인가라는 문제 때문에 나누어진 것임을 알 수 있습니다. 이로써 피

고의 주장이 잘못되었다는 것이 더욱 확실해집니다. 게다가 여기서

한 가지 더 짚고 넘어갈 사실이 있습니다.

판사　　어떤 것인가요?

김딴지 변호사　　선조 대에 학문과 정치적 견해가 달랐기 때문에 사

림이 서인과 동인으로, 또 남인과 북인 등으로 나누어졌으나, 붕당이 다르다고 하여 완전히 관계가 단절된 것은 아니었다는 점입니다.

판사　아, 그런가요? 흥미로운 사실이군요. 당이 달라도 서로를 받아들였단 말입니까?

김딴지 변호사　네, 그렇습니다. 인조반정 이후 서인 내 핵심 가문이었던 전주 이씨 문중 덕천군파의 구성원인 이유간, 그의 아들인 이경직, 이경석 등의 교류 관계를 분석해 보았습니다. 그런데 이들이 서인의 주류였음에도 당파를 달리한 정경세와 자주 술자리를 하는 등 당파성을 초월한 인간 관계를 가졌음을 알 수 있습니다. 그리고 이러한 광범위한 교류가 17세기 전반 정치적 격변기에 서로를 도와주는 안전장치 역할을 했다는 사실도 알 수 있습니다. 이유간의 아들 이경직은 도승지를 거쳐 호조 판서에 올랐고, 또 다른 아들인 이경석은 영의정에 올랐습니다. 비록 붕당의 당색은 다르지만 붕당을 초월한 교류가 긍정적인 역할을 했다는 점은 주목해 보아야 합니다.

판사　예, 잘 알겠습니다. 그런데 또 하나 궁금한 점이 있습니다. 이후 서인도 노론과 소론으로 나누어지지 않았나요? 증인, 말씀해 주세요.

이사색　그렇습니다. 상당히 시간이 경과한 뒤이기는 하지만 말씀하신 바와 같이 서인도 노론과 소론으로 나누어지게 됩니다. 하지만 우선 앞에서 하던 이야기를 마무리 짓도록 하지요. 1606년(선조 39) 인목 대비가 영창 대군을 낳았습니다. 이때는 북인이 정치적으로 우

세한 상황이었지요. 영창 대군의 출생은 조정에 한 차례 **파란**을 예고했습니다. 선조의 경우 그간 정실 왕비에게서 태어난 아들이 없어 임진왜란이 터지자 후궁 소생인 광해 군을 세자로 책봉한 상태였기 때문입니다.

우키다 변호사　　광해군이 적자가 아니었군요?

이사색　　그렇습니다. '군'이라고 불리는 왕자는 흔히 후궁 소생이 고, '대군'이라 불리는 왕자는 정실 왕비 소생입니다.

우키다 변호사　　아, 그렇군요.

이사색　　광해군이 세자로 책봉된 상태인데 선조와 인목 대비 사이 에서 영창 대군이 태어나자, 조정 신하들 사이에서 영창 대군을 세 자로 책봉하려는 움직임이 나타났습니다. 그리하여 북인이 광해군 을 지지하는 세력과 영창 대군을 지지하는 세력으로 나뉘게 되었습 니다. 광해군을 지지하는 대표적인 인물이 이이첨·이경전·정인홍 등 대북파였고, 영창 대군을 지지하는 대표적 인물은 유영경 등 소 북파였습니다. 이즈음 북인은 이미 소북이니 대북이니 하여 서로 다 른 정치적 입장를 두고 다투었지요. 결국 대북파의 지지를 받은 광 해군이 즉위하면서 대북 정권이 수립되었습니다.

김딴지 변호사　　판사님, 이의 있습니다. 피고 측 증인은 붕당에 대 해서 중립을 지키지 않고 나쁘게만 몰아가고 있습니다.

판사　　원고 측 변호인, 어떤 부분에서 그렇게 생각하셨나요?

김딴지 변호사　　조선 시대에는 종법이 적용된 계승이 이루어져야 했습니다.

적자이신 영창 대군께서 세자가 되셔야 하는데!

세자인 광해군은 후궁의 아들이잖아.

아니, 자네들 그게 무슨 소린가!

판사　종법이요? 법에 대해서 공부를 많이 한 나도 종법은 처음 듣는데요?

김딴지 변호사　종법이란 복잡한 원리를 가지고 있는 규정입니다만, 간단히 정리해서 말씀드리자면 집안의 계통을 계승하는 문제에 대한 규칙입니다. 주로 적장자 중심으로 집안을 계승하는 논리이지요. 조선 시대에는 집안을 적장자가 계승하듯이 왕위도 적장자가 계승해야 한다고 생각했습니다. 하지만 조선 시대에 적장자만 왕위에 올랐던 것은 아닙니다. 적

적장자

1919년 이전에 첩 제도가 인정되던 가족 제도에서 정실이 낳은 맏아들을 이르는 말이지요. 적장자 제도는 조상의 제사를 승계하는 사람을 선정하는 데 필요하였답니다.

분조

본조정과 별도로 임시로 설치한 조정으로, 임진왜란 당시 선조가 의주 방면으로 피난하면서 세자 광해군을 따로 함경도로 피란시킬 때 선조가 있던 의주의 행재소와 구분하여 세자가 있던 곳을 이르던 말입니다.

장자가 아니더라도 뛰어난 아들이 왕위를 잇는 경우도 있었지요. 세종 대왕도 적장자가 아니지 않습니까? 바로 이러한 종법을 적용하는 입장 차이가 드러난 것이 바로 대북과 소북이 나누어지게 된 이유입니다. 대북의 입장에서는 광해군이 임진왜란 당시에 **분조**를 이끌며 나라를 구한 공이 있었고 또 영창 대군이 왕위를 잇기에는 나이가 너무 어리기 때문에 광해군을 지지한 것입니다. 하지만 소북의 경우에는 왕비의 몸에서 태어난 적자, 영창 대군의 정통성을 지지한 것입니다. 따라서 정권을 차지하기 위해 광해군과 영창 대군에게 각각 줄을 서서 싸웠다는 증인의 발언은 잘못된 것입니다.

판사　네, 일리 있는 주장이네요.

이사색　흠흠.

판사　그럼, 증인 계속 증언해 주시지요. 광해군 즉위 후 붕당의 흐름은 어떻게 변화했습니까?

이사색　광해군과 대북 정권은 1623년 인조반정이 일어나 완전히 무너졌고, 이후 서인이 절대적인 우세를 차지하게 되었습니다. 이런 가운데 정권을 잡은 서인이 남인 중 일부를 등용했는데 정권을 나누고 공존하기 위한 것이 아니라 명분을 확보하기 위한 것이었습니다.

판사　이 부분은 기존의 이해와는 좀 차이가 있는 것 아닌가요? ▶붕당 간의 상호 공존과 견제가 전제되어야 긍정적인 모습의 붕당 정치가 가능합니다. 인조반정 이후가 가

교과서에는

▶ 인조 반정 이후 반정을 주도한 서인은 남인 일부와 연합하여 정국을 운영했습니다. 이들은 기본적으로 서로의 학문적 입장을 인정하는 바탕 위에서 상호 비판적인 공존 체제를 이루어 나갔습니다.

장 이런 모습에 가까웠던 시기라고 기억합니다만…….

김류
조선 중기의 문신입니다. 인조반정을 주도한 뒤 그 공으로 정사공신 1등에 책록되었으며 영의정을 역임했습니다.

이사색   예. 지금 판사님이 말씀하신 부분이 상호 공존과 견제라는 붕당 정치론의 입장으로 이 시기 정치사를 보는 관점입니다. 그런데 판사님, 이렇게 생각해 보십시오. 인조반정은 서인이 주도했습니다. 그렇게 어렵게 반정에 성공해서 정권을 잡았는데 남인들과 동등하게 권력을 배분하고 싶었을까요? 판사님이라면 어떠셨겠습니까?

판사   글쎄요…….

이사색   남인과 정권을 나눈 것은 단지 서인의 정권 장악을 위한 수단일 뿐이었습니다. 인조반정이 정권 획득에 목적이 있다고 하면 사람들을 설득하기가 쉽지 않았을 것입니다. 그래서 김류가 서인이 계속 권력을 유지할 수 있도록 정권 구성에서 일부 남인을 참여시키도록 했습니다. 예를 들자면 문신 인사를 담당하던 이조의 경우, 참판 이하는 남인에게 허용하되 판서나 의정부 대신은 반드시 서인이 차지하도록 했지요.

판사   그럼 그 뒤에는 어떻게 되었나요?

이사색   이후 정치는 앞서 말씀드린 바와 같이 서인이 주도했습니다. 이런 과정에서 서인 내부에도 공서파, 청서파 혹은 노서, 소서라는 집단이 형성되었습니다. 인조 말년 경에는 서인 내에서 김자점을 중심으로 한 낙당, 원두표를 중심으로 한 원당, 김육과 신면을 중심으로 한 한당, 김집과 송시열 등을 중심으로 한 산당 등으로 나눠지기도 했지요.

우키다 변호사　지금 말씀하신 것을 모두 붕당의 종류로 이해해야 하나요?

이사색　그렇지는 않습니다. 그보다는 한 붕당 내 분파 정도로 이해하시면 됩니다. 이렇게 서인이 주도하던 정국도 현종 대에 와서는 흔들리게 됩니다. 1659년(현종 1)과 1674년, 서인이 꾸준히 성장을 거듭한 남인과 두 차례에 걸쳐 예송(禮訟) 논쟁을 벌이게 되니까요.

우키다 변호사　예송이요?

이사색　간단히 말씀드리면 상복을 얼마 동안 입어야 하는가에 관한 문제입니다. 현종은 효종의 뒤를 이어 즉위했는데, 현종 즉위년과 현종 15년에 각각 효종과 효종의 왕비인 인선 왕후께서 돌아가셨습니다. 이때 상복을 얼마 동안 입어야 예에 맞는가에 관해 논쟁이 벌어졌는데 이를 예송 논쟁이라고 합니다. 지금 와서 보면 그런 논쟁까지 필요할까 하는 생각이 들기도 합니다만, 당시에는 대단히 중요한 문제였습니다.

우키다 변호사　증인은 예송 논쟁에 대해서 별로 좋지 않은 인상을 가지신 것 같은데요.

이사색　아, 그런 것은 아닙니다.

김딴지 변호사　이의 있습니다. 피고 측 변호인은 증인을 몰아세워 자신에게 유리한 쪽으로 결론 지으려고 하고 있습니다.

판사　인정합니다.

김딴지 변호사　사실 예송 논쟁은 권력 다툼만으로 이해할 수 없습니다. 조선 사회에서 예(禮)란 법처럼 꼭 규정된 것은 아니지만 어찌

보면 법보다 더 중요한 사회생활의 기준이었습니다. 그래서 어떻게
예를 적용할 것인가를 놓고 서로 다른 학문적 입장에 있던 붕당이 대
립할 수밖에 없었던 것입니다. 예를 들어 서인 같은 경우에는 송나라
때 주자가 만들어 놓은 예를 적용하려던 반면, 남인의 경우에는 주자
이전 유학 체계에서 제시한 예를 적용하려고 했던 것입니다.

경신환국
1680년(숙종 6) 남인이 대거 실각하여 정권에서 물러나고 서인들이 정치를 주도하게 된 사건입니다.

기사환국
1680년(숙종 6) 서인이 물러나고 그동안 정치에서 소외되었던 남인이 다시 집권하게 된 사건입니다. 이를 계기로 인현왕후 민씨 대신 후궁 희빈 장씨가 왕비가 되었습니다.

갑술환국
1694년(숙종 20) 정치의 주도권이 다시 남인에서 서인으로 옮겨 가게 된 사건입니다. 이 사건으로 폐서인이 되었던 인현왕후 민씨가 복위되고, 희빈 장씨는 다시 후궁 신분으로 강등되었습니다.

교과서에는

▶ 붕당 간의 경쟁이 치열해지면서 붕당 정치가 변질되어 갔습니다. 현종 때 두 차의 예송 논쟁과 숙종 때 수차의 환국을 거치면서 상대 당의 존재를 부정하는 현상까지 나타났습니다.

판사 알겠습니다. 피고 측 변호인, 계속하세요.

우키다 변호사 두 차례의 예송 논쟁을 거치면서 남인이 주도권을 잡게 되었군요? 그러면 서인은 어떻게 되었습니까?

이사색 두 차례 예송의 결과로 집권한 남인은 서인 처벌을 둘러싸고 강력한 처벌을 주장하는 청남, 온건한 처벌을 주장하는 탁남으로 분열되었습니다. 이때 온건론을 주장한 탁남이 우세하면서 서인에 대한 극단적인 탄압은 행해지지 않았고, 서인의 일부가 정권에 남을 수 있었지요.

우키다 변호사 서인이 다시 힘을 기를 수 있는 씨앗은 남아 있었다는 말이군요?

이사색 네, 그렇습니다. 숨죽이며 지내던 서인은 1680년(숙종 6)에 남인을 역모로 몰아 실각시키고 다시 정권을 손에 쥡니다. 이것이 바로 **경신환국**이지요. 이때 집권한 서인은 철저한 탄압으로 남인의 재기를 막으려 했고 허적, 윤휴 등 남인의 중심인물을 모두 죽였습니다. 이 과정에서 서인 세력은 송시열 등이 중심이 된 노론 세력과 윤증·박세채가 중심이 된 소론으로 나누어졌습니다.

우키다 변호사 그렇다면 이후 붕당은 어떻게 변모했나요?

이사색 ▶사실 이렇게 서인이 노론과 소론으로 나누어진 뒤 정치는 그야말로 살벌했습니다. 이후 **기사환국**, **갑술환국** 등 정치적 사건이 있을 때마다 서인과 남인이 죽고 죽이는 일을 반복했지요. 이전까지 명분으로 서로 대립하던 각 붕당은 이제 생사를 걸고 대립했습니다. 이제 그야말로 심각한 당쟁의 양상이 나타나게 된 것입니다. 이전까지 붕당은 공개적인 정치를 하면서 정치 운영의 방법을 비롯해 국가 운영 등을 둘러싸고 논란을 벌였다면, 이제는 그야말로 누가 권력을 주도하느냐는 문제를 두고 당쟁을 하면서 서로 죽고 죽이는 일을 반복하기 시작했습니다.

우키다 변호사　　아, 그랬군요.

이사색　　갑술환국 이후 남인들은 정치적으로 힘이 약화되었습니다. 그래서 이후에는 주로 서인들이 정치를 주도하게 되는데, 서인에서 갈라져 나온 노론과 소론은 숙종 말년과 경종 대 왕위 계승권 문제와 연결되면서 결국 서로가 서로를 몰아내고 죽이는 살벌한 당쟁을 전개했습니다. ▶이 같은 혼란한 정국 상황이 전개되면서 숙종 대부터 이를 타개하고자 하는 탕평책이 대두했고, 영조 대부터 본격적으로 시행되면서 그나마 당쟁이 **소강상태**를 보이게 되었습니다. 그러나 이 시기에 이르면 붕당의 기능도 서서히 쇠퇴하게 되었습니다.

우키다 변호사　　그렇습니다. 증인이 말씀하신 대로 붕당의 말기에는 피바람을 일으키는 당파 싸움이 계속되었을 뿐입니다. 그나마 탕평책으로 이 정국이 가라앉을 수 있었지요.

김딴지 변호사　　증인이 진술한 마지막 발언과 관련해서

소강상태
소란이나 분란, 혼란 따위가 그치고 조금 잠잠한 상태를 이르는 말입니다.

교과서에는

▶ 붕당 사이의 대립이 심해지면서 정치 기강이 문란해지고 왕권이 약화되자 숙종이 탕평책을 처음으로 제기했습니다. 그러나 이때는 이를 추진할 수 있는 정치적 분위기가 조성되지 않아 제대로 실시되지 못했습니다.

음식의 재료가 어우러져 조화로운
맛과 색을 내는 탕평채처럼, 정치의 평화로움을
도모하고자 하노라.

보충하자면, 탕평책은 당쟁의 폐단으로 인해 발생하는 정치적 문제
를 해결하려고 시행된 것이지만 결과적으로 조정에서 붕당 간에 있
었던 활발한 정치 논의를 차단하는 결과를 가져왔습니다. 나아가 권
력 구조 내에서 서로 견제와 공존이라는 정치 운영 방식을 막아 버
렸습니다. 그야말로 왕과 고위 관리들에 의한 국가 운영 방식을 채
택한 것입니다. 이런 방식은 영조나 정조와 같이 강력한 왕권으로
관리들을 통제해 나라를 운영하던 시기에는 크게 문제가 되지 않았
습니다. 그러나 순조가 즉위한 뒤 이른바 몇몇 세도 가문에 의한 정

치가 시행되면서 이들을 견제할 정치 구조나 운영 모습이 없어 큰 폐단을 낳았습니다.

판사　　그러니까 붕당 정치 시기에는 견제와 공존이라는 정치 운영이 이루어졌지만, 세도 정치가 등장하면서 그러한 정치가 운영되지 못하고 몇몇 가문에 의해 권력이 독점되는 현상이 나타났다는 말이군요. 이런 원고 측의 주장대로라면 확실히 붕당 정치가 세도 정치보다 긍정적인 역할을 했다는 게 반증이 되는군요. 좋습니다.

　　자, 벌써 시간이 많이 지났군요. 오늘 재판으로 조선 붕당의 형성 과정과 그 변화 모습을 알 수 있었습니다. 다음 재판에서는 조선의 붕당이 정치 운영과 어떤 관계를 가졌는지 들어 보도록 하겠습니다. 이만 두 번째 재판을 마칩니다.

　　땅, 땅, 땅!

붕당의 변천

　조선의 붕당은 선조 8년경에 동인과 서인으로 출발했습니다. 하지만 이후 남인과 노론, 소론 등으로 갈라지지요.

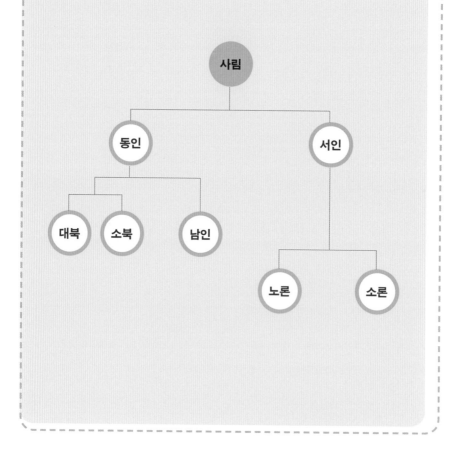

다알지 기자

　　시청자 여러분 안녕하십니까? 법정 뉴스의 다알지 기자입니다. 오늘은 원고 이이 선생이 제기한 '붕당' 관련 문제를 놓고 두 번째 재판이 열린 날입니다. 오늘 재판에서는 주로 붕당이 어떻게 형성됐고, 또 어떻게 변화했는지를 살펴보았습니다. 같은 사실을 놓고도 바라보는 시각은 전혀 달랐는데 양측 모두 한 치의 물러섬이 없이 치열한 공방을 펼쳤습니다. 오늘은 원고와 피고 측 변호인들을 모시고 한 말씀 들어보기로 하겠습니다. 먼저 원고 측 김딴지 변호사께 묻겠습니다. 조선에서 붕당이 왜 형성되었다고 생각하십니까?

김딴지 변호사

　　이와 관련해서는 앞서 법정에서 충분한 이야기가 되었다고 생각합니다. 말씀드린 바와 같이 조선의 최초 붕당은 동인과 서인입니다. 이 같은 조선 붕당의 형성은 직접적으로는 김효원과 심의겸 사이에 있었던 이조 전랑 문제가 발단이었습니다. 그런데 이조 전랑 문제란 앞으로의 정치를 어떻게 운영할 것인가에 대한 논의라는 점이 재판에서 밝혀졌지요. 나아가 공론의 역할이나 공론을 어떻게 정치에 반영할 것인가 하는 문제까지 연결되는 숭요한 것이었습니다. 피고 측에서 주장하는 것처럼 단순히 개인 간의 감정이나 이익 때문에 붕당이 형성되었다고 볼 수 없지요.

우키다 변호사

　앞서 원고 측 변호인께서 말씀하시는 내용
잘 들었습니다. 물론 조선의 붕당 발생에 원고
측 변호인의 말과 같은 이유도 포함되어 있을 것입
니다. 하지만 직접적으로 본다면 동인과 서인 붕당 형성의 이유에 심
의겸과 김효원의 개인적인 감정 다툼과 같은 부분도 도외시할 수 없
다고 생각합니다. 이후 다른 붕당들도 마찬가지이고요. 그래서 피고도
조선의 붕당을 사적인 이익 다툼과 연관 짓는 입장에서 글을 발표했던
것입니다.

붕당은 정치에
어떤 영향을 끼쳤을까?

1. 붕당과 여론은 어떤 관련이 있을까?
2. 붕당은 어떻게 정책 결정에 참여했을까?

붕당과 여론은
어떤 관련이 있을까?

판사 벌써 재판 마지막 날이군요. 오늘은 붕당이 실제적인 정치 운영 속에서 어떤 역할을 했는지 살펴보겠습니다. 원고 측 변호인이 먼저 진행하시지요.

김딴지 변호사 두 번에 걸친 재판 과정에서 붕당이 조선의 정치와 매우 밀접한 관련성을 가지고 형성되었고, 또 변천되었다는 점을 확인했습니다. 이제 판사님 말씀처럼, 붕당이 실제 정치에서 어떤 역할을 했는지에 대해 좀 더 이야기하려 합니다. 붕당은 조선 시대 정치의 특징이라고 할 수 있는 여론 정치와 매우 밀접한 관련이 있었으니까요.

판사 여론 정치는 현대 정치에서나 등장하는 개념이 아닌가요? 그런데 조선 시대 정치의 특징이 여론 정치란 말입니까?

김딴지 변호사　　조선 시대에는 여론을 흔히 '공론(公論)'이라고 불렀습니다. 공론이란 사전적인 의미로는 '공공의 논의' 또는 '공정한 논의' 등으로 말할 수 있지요.

우키다 변호사　　판사님, 여론과 공론에는 차이가 있습니다. 오늘날의 여론은 모든 국민의 공통된 의견을 말하지만, ▶조선 시대 공론은 지배층인 양반 또는 사림이라고 불리는 세력들의 의견을 말합니다. 따라서 조선 시대 정치를 여론 정치라고 말할 수는 없습니다.

교과서에는

▶ 붕당이 적극적으로 내세운 공론도 백성의 의견을 반영하기보다는 지배층의 의견을 수렴하는 데 그치는 한계가 있었습니다.

판사　　인정합니다. 원고 측 변호인, 단어 선택에 좀 더 신중을 기해 주시기 바랍니다.

김딴지 변호사　　물론 오늘날의 여론과는 다소 의미가 다릅니다. 그렇지만 지배층 중심의 여론이라도 부정적으로만 볼 필요는 없습니다. 그것은 시대적인 한계이니까요. 역사적으로 보면 정치나 사회를 주도한 계층의 폭은 점차 시간이 경과하면서 확대되었습니다. 이는 비단 한국사에서만 있는 현상은 아니지요. 서양에서도 근대화가 진행되면서 시민 혁명이 일어났고, 이를 계기로 그전에 정치나 사회 운영에서 배제되었던 시민 계급이 정치에 참여하게 되었지요. 따라서 피고 측 변호인의 말씀처럼 부정적으로만 볼 일은 아니라고 판단됩니다.

판사　　네, 그 말씀에도 일리가 있군요. 그렇다면 이 같은 공론이 붕당과 무슨 관련이 있습니까?

김딴지 변호사　　존경하는 판사님, 오늘날에는 입법부, 사법부, 행정부 사이의 힘의 균형을 맞추기 위해 삼권 분립이 시행되지 않습니까? 그리고 정당도 여당과 야당으로 나누어져 있지요.

판사　　물론입니다.

김딴지 변호사　　정당이 활동할 때 중요한 것이 무엇입니까? 바로 지지 세력이 얼마나 되느냐는 것입니다. 결국 많은 지지 세력을 통해 자신의 정당에 유리한 여론이 이루어진다면 정책을 추진하거나 입법할 때 힘이 실리게 되겠지요.

판사　　그렇습니다.

김딴지 변호사 조선의 붕당도 전국에 퍼져 있는 사림으로부터 지지를 얻는 것이 중요했습니다. 사림의 여론을 자신들에게 유리하게 만들어 가야 했지요. 결국에는 그것이 당시 조선 사회의 철학적 기틀을 담당했던 성리학적 이념에 얼마나 적합한가를 알려 주는 척도가 되었고요.

판사 원고 측 변호인의 말씀을 정리하자면 조선 시대의 공론이란 사림 또는 양반들의 공정한 논의 내지는 생각인데, 이것을 결정하는 기준이 결국 성리학적 이념이라는 것인가요?

김딴지 변호사 예, 판사님! 잘 정리해 주셨습니다. 그런데 공론이 반드시 지방의 사림에 의해서 형성되었던 것은 아닙니다. 각종 기록에 따르면, ▶조선 시대에 조정의 공론을 형성하던 곳이 바로 '삼사 (三司)'입니다. 삼사란 사헌부, 사간원, 홍문관을 말합니다. 이 같은 삼사 관원의 선발권을 이조 전랑이 가지고 있었습니다. 그러니 이조 전랑을 누가 차지하는지가 중요했던 것입니다. 이조 전랑은 각 붕당에 유리한 공론을 장악하는, 중심에 위치한 관직이었으니까요.

판사 그런데 삼사가 어떻게 공론 기관으로서의 역할을 수행했습니까?

김딴지 변호사 특정한 사안에 대한 논의가 필요하게 되면, 이조 전랑의 지휘 하에 각 관청별로 진행했습니다. 보통 각 관청의 서리들이 관원들에게 회의 소집을 통보합니다. 이 회의에서는 **만장일치제**를 지향했습니다. 조선 시대에는 만장일치제를 '원의(圓議)' 또는 '완의(完議)'라고 불

만장일치제
어떤 문제를 놓고 논의할 때 모든 사람의 의견이 같은 경우에 채택하는 방식입니다.

교과서에는

▶ 삼사의 관리들은 홍문관을 중심으로 하여 지위에 관계없이 정치를 비판하면서 토론을 통해 공론을 형성했습니다.

렀습니다. 이렇게 만장일치제를 택한 이유가 있습니다. 삼사 관원들 대부분의 직급이 낮아서 개별적으로 의견을 냈을 때 자칫 고위 관원이나 또는 권력자들에 의해서 묵살되거나 탄압을 받을 수가 있었던 것입니다. 그러나 만장일치제라면 특정한 개인의 의견이 아니라 관청 전체의 의견이 되므로 고위 관원들도 이를 함부로 할 수 없었지요. 결국 만장일치로 모아진 의견이 공론이 되는 것입니다.

판사　아주 독특한 제도군요.

김딴지 변호사　게다가 조정 내에서 여론을 수렴하는 시스템이 이것만은 아니었습니다. 판사님, 혹시 '산림(山林)'이라는 말을 들어 보셨나요?

판사　나무가 우거진 숲을 이야기하는 것은 아닐 테고…….

김딴지 변호사　▶제가 말씀드린 산림은 정계에 진출하지 않고 지방에 파묻혀 생활하면서도 뛰어난 학문을 가진, 말하자면 학덕이 아주 뛰어난 사람들을 말합니다. 판사님, 여기서 산림에 대한 이해를 위해 산림의 대표적 인물인 송시열 선생을 증인으로 모시고자 합니다.

판사　인정합니다. 증인은 증인석으로 나오시지요.

김딴지 변호사　먼저 간단히 증인 소개를 부탁합니다.

송시열　나는 인조 대부터 숙종 대까지 네 분의 임금을 모셨던 사람입니다. 숙종께서는 나를 '대로(大老)'라고 부르시며 높은 대우를 해 주셨습니다. 나는 17세기에 활동하면서 주자학을 최고의 학문이라고 생각하고 연구했으며, 실제 주자학에서 말하는 이상 사회를 조선에서 구현하려고 노력했습니다.

김딴지 변호사　산림이 여론과 무슨 관련이 있는지 말씀해 주시지요.

송시열　산림은 재야에 있지만 뛰어난 학덕을 가진 인물입니다. 과거 시험을 치르지는 않았으나 임금으로부터 부름을 받고 조정에 나아가곤 했지요.

김딴지 변호사　임금이 왜 이들을 조정으로 불렀지요?

송시열　산림이 가진 뛰어난 학문과 정치적 의견을 나라 운영에 참고하기 위해서입니다.

김딴지 변호사　산림이 한 또 다른 역할도 있었지요?

송시열　그렇습니다. 산림은 나라 운영의 방향성을 제시하는 것 이외에도, 각 붕당의 이념을 세우거나 정체성을 확립하는 데 대단히 중요한 역할을 했습니다.

김딴지 변호사　산림이 붕당에 영향을 미친 이유는 무엇입니까?

송시열　우리들 산림은 뛰어난 학문적 지식을 바탕으로 광범위한 제자들을 거느리고 있었습니다. 앞서 재판 과정에서 나왔습니다만, 조선의 붕당은 학파와 관련이 있습니다. 산림의 제자 집단이 이후 중앙에 진출해 붕당을 형성해서 활동했습니다. 그들은 산림이 제시하는 방향을 받아들여, 이를 현실 정치에 구현하는 역할을 했지요.

김딴지 변호사　그렇다면 산림으로 활동했던 사람들은 어떤 분들이 있었나요?

송시열　나를 비롯해서 남인 측에서는 허목이나 윤휴 등이었고, 소론 측에서는 윤증 등이 있었습니다. 좀 시기를 올라가면 광해군

산림의 제자들이 중앙에 진출해 붕당을 형성했습니다.

시기 대북 측의 정인홍 같은 사람을 산림이라고 할 수 있겠지요.

판사　　오늘 증인의 말씀을 통해 그동안 당파 싸움으로만 알려졌던 조선의 정치 운영 시스템의 긍정적인 부분을 많이 발견하게 되었습니다. 붕당이라는 조직은 학파와 관련성이 있고, 그렇기 때문에 산림과 무관할 수 없다는 말씀이셨습니다. 아울러 조정 내에서는 이러한 산림이 제시한 방향성을 바탕으로 이조 전랑이나 삼사의 관원들이 공론을 대표하는 역할을 했던 것이고요.

김딴지 변호사　　예, 그렇습니다. 지금 판사님이 정리해 주신 바와 같습니다. 조정 내에서 공론이 이 같은 채널을 통해 형성되고, 정치에 반영되었습니다. 붕당의 움직임은 여기서 그치지 않았습니다. 지방에서 생활하는 사족들이나 유생들과도 밀접한 관련을 가졌습니다.

판사　　그럼 지방 내에서도 공론을 형성하는 장치나 시스템이 있다는 말씀이신가요?

김딴지 변호사　　그렇습니다. 조선에는 조보(朝報)라는 것이 있었습니다. 조보는 오늘날의 관보(官報) 내지는 신문과 같은 역할을 했습니다. 조보는 매일 발간되는 것은 아니고, 조정 내의 소식을 며칠 간격으로 정리해서 이를 지방에 전해 주었던 것입니다. 그러면 지방에 있는 사족이나 유생들은 이를 통해서 조정에서 일어나는 각종 동향을 접함과 동시에 자신들이 지지하던 붕당의 동향까지도 파악했습니다. 바로 여기서 중앙과 지방이 서로 연결되는 지점을 만날 수 있습니다. 이렇게 조정 내 정치 운영이나 붕당의 동향을 파악하게 된 지방의 사족이나 유생들은 자신들의 여론을 표출할 필요가 있을 때

가까운 지역 사람들끼리 모여 회합을 가졌습니다. 회합에 활용되던 공간은 서원이나 향교와 같은 곳이었습니다.

판사 서원이 활용되었다고요?

김딴지 변호사 네, 그렇습니다. ▶서원은 잘 아시는 바와 같이 각 지역 내 사람들이 스스로 만든 기구입니다. 유생들은 서원에서 학문을 익히는 것 이외에도 서원에 모셔진 인물들의 제사를 도맡았습니다. 그러나 서원이 만들어진 뒤 시간이 경과하면서 점차 교육적인 기능은 쇠퇴하고, 앞서 말씀드린 바와 같이 자신들의 의견을 표출할 필요가 있을 때 모이는 회합의 장소로 기능하게 되었습니다. 그래서 그런지 특히 17세기 이후에 만들어진 서원은 강당의 크기가 상당히 큽니다. 반면 유생들이 기숙하면서 공부를 하는 동재나 서재와 같은 공간은 점차 축소되거나 아예 없어졌지요.

판사 그렇군요. 서원을 한두 군데 가 보았는데, 강당만 유독 큰 서원이 있었습니다. 과연 유생들이 기숙하면서 공부했을 것이라고는 생각되지 않았는데 그런 이유가 있었군요.

김딴지 변호사 예. 서원이라는 기구도 결국 역사적 상황의 변화에 따라 건물 형태 등이 변했습니다. 향교에서도 지역 사람들이 모여 회합을 했습니다. 굳이 비유하자면 향교란, 오늘날의 지방에 위치한 국립 대학 정도로 표현할 수 있지 않을까 생각됩니다.

판사 그렇군요. 결국 서원이나 향교가 교육적 기능도 하면서 이 시기 붕당의 정치 활동에도 중요한 기반이 되었

교과서에는

▶ 사림은 서원을 세워 덕망이 높은 유학자를 기리면서 지방 양반의 자제들을 교육했습니다. 서원은 학문과 교육의 발전에는 이바지했으나, 다른 한편으로는 자기 당파의 결속을 강화하는 역할을 해 붕당의 바탕이 되었습니다.

군요.

김딴지 변호사　네, 그렇습니다. 지방 내 사족이나 유생들은 사안이 발생하면 이를 논의하기 위해 먼저 몇몇 사람들이 '통문(通文)'을 발송했습니다. 통문이란 지금으로 표현하면 일종의 안내장과 같은 것입니다. 통문이 발송되면 이를 받은 사람들은 참여 의사를 전달하게 되고, 지정된 일자에 서원이나 향교에서 모여서 대규모 **난상토론**을 벌입니다. 난상토론을 통해서 의견 일치가 이루어지면, 자신들의 의견을 중앙에 전달하는 절차를 밟게 됩니다. 흔히 연명 상소로 알려져 있는 것이 이 절차입니다. 먼저 상소의 대표자를 정하고 참석자들을 중심으로 각각 업무 분담을 합니다. 정리된 상소는 대표자를 선정해서 중앙에 올라가 전달합니다. 간혹 상소를 제출하면서 사람이 죽었을 때 시신을 안치하는 관을 짊어지고 가거나, 도끼를 가지고 가는 경우도 있습니다. 죽을 각오를 하고 상소를 올린다는 의사 표시입니다. 이런 과정을 통해 임금이 상소를 전달받게 되는 것입니다.

판사　조선이 이처럼 여론을 중심으로 정치가 이루어졌다는 것을 몰랐습니다. 지금의 입장에서 본다고 해도 상당히 발달된 여론 시스템으로 보입니다. 그래서 아마도 원고 측 변호인이 조선 시대 정치의 특징을 여론 정치라고 말씀하신 것 같군요.

김딴지 변호사　그렇습니다.

우키다 변호사　판사님, 이의 있습니다. 지금 원고 측 변호인이 말

통문
서원이나 향교 또는 문중을 비롯한 각종 사적 조직체 내에서 어떤 일을 알리거나 추진하기 위하여 참여할 여러 사람들의 이름을 적어 작성한 문서입니다.

난상토론
어떤 문제에 대하여 여러 사람이 각각 의견을 말하며 충분히 논의를 하는 것을 말합니다.

1876년, 강화도 조약에
목숨을 걸고 반대한다는 뜻으로
최익현이 도끼를 가지고
상소를 올린 예가 있습니다.

씀하신 것은 역사적 실상과 거리가 먼 이야기입니다. 특히 서원과
관련된 이야기는 더 터무니없습니다. 피고 시데하라 히로시가 자신
의 책인 『한국 정쟁지』에서 밝혀 놓은 바와 같이 서원은 조선의 붕당
형성과 무관합니다. 붕당이 형성될 당시 서원은 아직 정계에 영향을
미칠 정도로 성장하지 못한 상태였습니다. 아울러 서원이 여론 형성
에 중요한 무대였다고 하였는데, 사실과 다릅니다. 서원은 지방 양
반들의 권력을 유지하는 기구로 활용되었을 뿐 아니라, 서원 운영이
라는 이름 하에 백성이나 지방 수령에게 갖가지 요구를 해서 징수하
는 등의 폐단이 많았습니다.

왜 조선에는 붕당 정치가 이루어졌을까?

판사　　원고 측 변호인, 이 말이 사실입니까?

김딴지 변호사　　맞습니다. 폐단이 있었습니다. 그러나 피고 측 변호인이 말씀하신 내용은 서원이 성립되고 약 300여 년이 지난 뒤 나타난 현상들입니다. 앞서 재판 과정에서도 나왔습니다만, 붕당이나 서원이 처음부터 문제점을 안고 출발하지는 않았다는 것입니다. 그런데 이를 전체의 문제로 본다면 역사적인 사실과도 맞지 않습니다. 붕당이나 서원도 그 존재가 드러난 뒤 한동안 그 기능과 역할에 충실했지만 나중에 변질된 것입니다.

판사　　잘 들었습니다. 그럼 다음 주제로 넘어갔으면 합니다.

2

붕당은 어떻게 정책 결정에
참여했을까?

판사　앞서 붕당과 여론 정치라는 주제로 논의를 진행했습니다. 이제는 이번 재판의 마지막 순서로 붕당이 조선의 실제 정책에 얼마나 영향을 끼쳤는가를 살펴보고자 합니다. 원고 측이 먼저 진행하시지요.

김딴지 변호사　먼저 조선의 붕당이 오로지 권력 쟁취에만 목적이 있었다는 피고 측 주장은 전혀 맞지 않는다는 것을 다시 한 번 말씀드리겠습니다. 조선의 정치는 문신이 주도하였고, 그러다 보니 갈등 과정에서 칼이나 폭력보다는 학문적인 논쟁이나 치밀한 이론 싸움이 우선했습니다. 그 때문에 다소 지루한 논쟁이 이어지기도 했지만 적어도 살육이 우선하는 정치는 아니었지요.

우키다 변호사　판사님, 원고 측 변호인의 주장은 정작 조선의 정치

현실과는 다릅니다. 예를 들어 숙종 때 서인이 노론과 소론으로 나누어진 뒤 이 둘 사이에서 발생한 여러 정치적 사건이 있었습니다. 그 정치 싸움이 심각한 수준으로까지 진행되었습니다. 그리고 경종 때 일어난 신임옥사를 보면, 노론과 소론의 갈등은 극에 달해 많은 희생자를 양산하지 않았습니까?

판사 원고 측 변호인, 어떻게 생각하십니까?

김딴지 변호사 물론 피고 측 변호인의 말씀도 일리는 있습니다. 그러나 피고 측 변호인이 예를 든 신임옥사도 붕당이 극성기를 지나 말기적 증세를 보일 때의 모습입니다.

판사 잠시만요. 두 분 변호인의 말씀 중에 나온 신임옥사란 무슨 사건을 말합니까?

김딴지 변호사 제가 말씀드리지요. 신임옥사란 경종 1년에서 2년에 노론과 소론 사이에서 벌어진 정치적 사건을 말합니다. 소론은 당시의 임금인 경종을 지지했고, 노론은 세제(世弟)인 연잉군(훗날 영조)을 지지했습니다. 이때 노론이 정치적으로 패배해 많은 사람이 희생되었지요. 물론 영조가 즉위한 뒤에는 상황이 뒤바뀌었습니다.

판사 이 부분은 지금 잠깐 들은 내용만 보더라도 굉장히 복잡한 사건인 것 같군요. 이 사건의 진행 과정에서 많은 사람이 죽임을 당한 것만은 사실인 것 같네요. 그렇다면 붕당 간의 갈등 과정에서 칼이나 폭력보다는 학문적인 논쟁이나 치밀한 이론 싸움이 우선했다는 원고 측의 주장은 틀린 것이 아닙니까?

김딴지 변호사 물론 그렇게도 생각하실 수 있습니다만, 모든 사물이 필요에 의해서 생겨나 제대로 기능하다가 시간이 경과하다 보면 결국에는 소멸되지 않습니까? 붕당도 처음 형성될 때에는 순기능을 하다가 그것이 극성기를 지나 폐단을 드러내게 된 것입니다. 따라서 붕당 정치의 폐단만으로 붕당 전체를 나쁘게 보는 것은 옳지 않습니다.

판사 충분히 공감 가는 이야기고요.

김딴지 변호사 붕당이 가장 활발하게 기능하던 시기는 조선의 정치사에서 17세기경입니다. 이 시기 붕당들은 공론을 바탕으로 정책 대결을 통해서 정치를 운영했습니다. 앞서 조선의 붕당은 학파에 바탕을 두었다고 말씀드렸습니다. 그런 만큼 각각의 붕당이 띠고 있는 학문적 성격도 차이가 있었습니다. 서인이 원고인 율곡 이이의 학문을 계승했다면, 남인은 퇴계 이황의 학문을 계승했고, 북인은 주로 남명 조식과 화담 서경덕의 학문을 계승했습니다. 그러다 보니 그들이 공부하던 내용도 차이가 있었고, 방법론도 차이가 있었습니다. 이런 차이에서 오는 의견 교환은 결국 국가의 정책 결정 과정에도 그대로 투영되었다고 할 수 있겠습니다.

판사 쉽게 설명해 주시지요.

김딴지 변호사 예를 들어 조선은 임진왜란 이후에 나라 전체가 황폐해졌을 뿐 아니라 사회의식이나 윤리 의식도 크게 변화했습니다. 사회 일부에서 조선을 움직이는 가장 중요한 요소였던 신분제가 흔들리는 모습도 보였습니다. 이에 임진왜란이 종식된 후 조선에는 예학(禮學)이 상당히 발달했습니다. 예(禮)를 통해서 다시 한 번 흐트러

진 사회를 재정비하려는 움직이었지요. 같은 예학을 통한 입장이라도 서인들은 주자가 만든 『주자가례』를 바탕으로 사회를 재편하려고 했다면, 남인들은 그 이전에 통용되던 의례서인 『예기』나 『의례』 등을 바탕으로 해서 사회를 재편하려고 했습니다. 그러다 보니 당연히 구체적인 정책 논의 과정에서 차이가 있을 수밖에 없었습니다. 예송 논쟁을 예로 들어 말씀드리겠습니다.

판사 좋습니다.

김딴지 변호사 지난 재판에서 말씀드렸듯이 예송 논쟁은 현종 때 국가의 예법을 어떻게 정할 것인가를 둘러싸고 벌어진 논쟁입니다. 효종과 효종의 왕비인 인선 왕후의 상에, 인조의 계비인 자의 대비가 얼마 동안 상복을 입어야 하는지에 대한 논쟁이 벌어졌습니다. 이때 서인의 대표적인 인물인 송시열이나 송준길 등은 나라의 장례 때 『주자가례』를 적용하자고 주장한 반면, 남인인 윤휴나 허목, 윤선도 등은 『예기』 등 고전적인 의례서를 적용하자고 주장했지요. 조정 내 삼사에서 이와 관련된 논란이 이어졌고, 지방의 사족이나 유생들도 자신들이 지지하는 붕당에 유리한 상소를 제출하는 등 매우 활발한 논란이 있었습니다. 결국 이런 논쟁은 각 붕당의 학문적 지향점에서 출발, 구체적인 학술 논쟁과 이론 싸움으로 전개되었던 것입니다.

판사 그렇군요.

김딴지 변호사 단, 붕당이 존재하던 시기의 모든 정책에 대한 논란

『주자가례』
중국 주나라 이후 많은 학자들이 예법에 대한 책을 썼는데, 송나라 때에 주자가 이것을 집대성한 것이 『주자가례(朱子家禮)』입니다. 가례는 관례(冠禮)·혼례(婚禮)·상례(喪禮)·제례(祭禮)와 관련된 예법을 말하지요.

이 반드시 붕당 간의 대립으로 이어졌던 것은 아닙니다. 같은 붕당 내에서도 서로 다른 정치적·사회적 입장에 따라 의견이 나누어져 논란이 있었습니다. 예를 들면 대동법 제정과 관련된 논쟁이 그렇습니다.

판사 같은 붕당 내에서 입장이 갈리기도 했군요. 좀 더 자세하게 설명해 주세요.

김딴지 변호사 조선 건국 이후의 공물 제도는 통용되던 현물을 바치는 것이었습니다. 대동법은 이러한 공물 제도에서 발생한 문제점에 대한 대안으로 나온 제도입니다. 현물 대신 어느 지역에서나 쌀을 바치는 것이었지요. 현지에서 생산되는 물건을 중앙 정부에 바치는 것이 공물 제도입니다. 오늘날에도 그렇습니다만, 농수산물은 자연 환경에 많은 영향을 받습니다. 가뭄이나 홍수 등으로 인해 생산물이 줄어 바칠 수 없는 상황이 있기도 하지요. 그래서 방납이라는 제도가 생겨났습니다. 공물을 바쳐야 되는 사람에게 대금을 받아 방납업자가 대신 공물을 조달하는 것을 말합니다. 그런데 이 방납이란 것이 시간이 경과하면서 그 대금을 과다하게 요구하는 등 백성들에게 점점 부담으로 작용했습니다.

이에 대한 대안으로 대동법이 성립된 것이지요. 그런데 서인 가운데 서울이나 경기 지역을 주 무대로 활동하던 사람들은 적극적으로 공물 제도를 대체할 법을 만들자고 주장한 반면, 충청도 지역 사람들은 기존 공물 제도의 문제점을 해결하여 계속 실시하자고 주장했습니다. 이러한 구체적인 정책 대결이 있었기 때문에 임진왜란과 병

사호란이라는 대규모의 전쟁을 치렀음에도 조선이 500년간 유지될 수 있었던 것입니다.

판사 그럼 왜 어떤 사람은 찬성하고, 어떤 사람은 반대했나요?

김딴지 변호사 사실 이 문제와 관련해서 학계에서는 아직까지 정확한 답변을 내놓지 못하고 있는 상황입니다. 다만 여러 가지가 작용했을 것으로 추정됩니다. 일단 생각할 수 있는 것이, 대동법이라는 제도가 생기면 토지에 새로운 세금이 부과됩니다. 지주들에게 더 부담이 생기는 것입니다. 그래서 충청도 지역에 있던 인사들이 반대했을 것입니다. 실시되던 해가 흉작이었던 데다가 시행 세칙도 미비했으니까요. 그에 비해 서울이나 경기 지역 사람들은 대동법이 우선적으로 실시된 데다가, 토지를 가졌더라도 현실적인 문제를 해결하기 위해서 한 걸음 물러서지 않았나 생각합니다.

판사 아, 그랬군요.

김딴지 변호사 판사님, 이렇게 조선에서는 하나의 정책을 놓고 각 붕당 간, 또는 붕당 내부에서 치열한 의견 교환이 있었습니다. 이는 같은 시기 중국이나 일본에서는 쉽게 볼 수 없는 일이었지요. 아시다시피 당시 일본은 막부 체제였습니다. 막부 체제라는 것이 쇼군을 중심으로 한 일본의 무사 정권을 지칭하는 말입니다. 이런 체제에서는 치밀한 논리 싸움이나 정책 대결보다는 일단 힘으로 제압하는 방식이 통용되기 마련입니다. 중국의 경우도 황제의 권력이 강했기 때문에 여기에 기생한 환관의 권력이 상당히 컸습니다. 그래서 조선처럼 사림들이 붕당을 형성하고, 공론 정치를 했던 모습은 발견되지 않지요. 이쯤에서 조선의 정치를 재인식해야 할 필요가 있다고 생각합니다.

판사 피고 측 변호인은 더 하실 말씀 있으십니까?

우키다 변호사 원고 측 변호인의 말도 일리가 있습니다. 그러나 조선의 붕당이라는 것도 결국에는 권력을 주도하기 위해 만들어진 것 아닙니까? 결국 권력을 획득하는 과정에 정책이나 공론을 이용한 것이라 생각됩니다만.

김딴지 변호사 판사님, 피고 측 변호인은 권력이 사리사욕을 추구하기 위한 하나의 수단이라고 이해하는 것 같은데요. 그것은 권력이 잘못 이용된 경우입니다. 기본적으로 권력이라는 것은 공공의 이익을 우선시하기 위해 만들어진 것입니다. 따라서 붕당도 꼭 나쁘게만 볼 수는 없는 것입니다.

판사 네, 양측의 주장 잘 들었습니다. 원고 측 변호인의 발언으로 정리를 대신합니다. 그럼 이것으로 세 번째 재판을 모두 마치도록 하겠습니다. 잠시 후 양측의 최후 진술을 듣도록 하겠습니다.

땅, 땅, 땅!

다알지 기자

숨 가쁘게 달려온 이이 대 시데하라 히로 시의 재판 마지막 날입니다. 오늘은 조선 시대 붕당이 정치에 어떤 영향을 주었는지에 대해서 살펴보았습니다. 오늘 재판을 통해서 조선 시대에도 현대 여론 정치와 비슷한 공론 정치가 이루어졌다는 사실을 알게 되었습니다. 조선 정치의 선진적인 의견 반영 조직, 또 그러한 정치에 붕당이 큰 역할을 했다는 점도 놀라웠고요. 붕당의 의미를 현대에 되살린 것 같아 뿌듯합니다. 그럼 최후 진술을 듣기 전 지금까지 수고하신 원고와 피고를 모셔서 마지막 소감을 듣도록 하겠습니다.

이이

지금은 내가 소송을 제기한 문제가 시원하게 해결된 기분입니다. 피고 시데하라 히로시는 붕당이 권력과 이익만을 위한 조직이라고 매도했습니다. 하지만 재판을 통해 붕당이 조선이라는 나라를 어떻게 운영할 것인지에 관한 의견 차이에서 만들어졌다는 점이 밝혀졌지요. 또 붕당을 통해서 공론 정치가 이루어졌고, 건전한 정책 대결이 이루어졌다는 점 등을 통해 붕당의 긍정적인 면이 충분히 재평가될 수 있을 것이라고 봅니다. 재판 과정에서 내가 하고 싶은 말을 제대로 전달해 준 김딴지 변호사에게 감사를 선하고 싶습니다.

왜 조선에는 붕당 정치가 이루어졌을까?

**시데하라
히로시**

　사실 오늘 재판을 진행하는 과정에서 그동
안 몰랐던 많은 사실을 알게 되었습니다. 조선
이라는 나라가 그렇게 여론 정치가 발전했다고는
생각해 보지 못했습니다. 아무튼 여러 가지를 배우게 되어 귀중한 시
간이었습니다. 다만, 그런 과정에서도 동인과 서인이니 남인과 북인,
노론과 소론 같은 붕당의 형성이 반드시 원대하고 고귀한 이념만으로
만들어졌는가를 생각하면 회의적입니다. 지금도 그렇지만 붕당이 형
성되는 과정에서 개인적인 감정이나 이익을 배제할 수 없지 않을까
요? 더 이상 말씀드려 봐야 오해만 있을 것 같아서 이만 마칩니다.

붕당은 공론 정치로 조선을 이끈 주역입니다

VS

붕당은 조선을 망하게 한 원인입니다

판사　그럼 마지막으로 당사자들의 최후 진술을 듣겠습니다. 배심 원단은 말할 것도 없고 본 재판의 판결에 영향을 미치게 되므로 두 사람은 신중하게 발언해 주세요. 그럼 원고부터 말씀해 주시지요.

이이　재판이 진행되는 동안 나와 변호인은 조선의 붕당이 가진 참모습을 입증하려고 노력했습니다. 먼저 이를 위해 수고해 준 변호 인과 여러 증인들에게 감사의 말씀을 드립니다.

　내가 주장하고 싶은 것은 붕당이 조선 왕조가 500년 동안 지속 되는 데 중추적 역할을 했다는 점입니다. 피고가 주장하는 바와 같 이 붕당의 발생이 개인적인 갈등 차원에서 이루어지지 않았다는 점 을 알리고 싶습니다. 앞서 재판 과정에서 밝혔다시피, 조선의 붕당 은 국가 운영을 어떻게 할 것인가를 놓고 발생한 것입니다. 아울러서 붕당은 학파와도 관련성을 갖습니다. 예를 들어 서인은 나의 학문을 추종하는 세력이 중심이 되었고, 남인은 퇴계 이황 선생의 학문을 추종하는 사람들이, 그리고 북인은 화담 서경덕이나 남명 조식의 문인들이 중심을 이루었습니다. 그 외에도 노론은 송시열의 학문을, 소론은 윤증의 학문을 계승했지요.

이 같은 붕당의 존재는 공론 정치를 활성화시켜, 중앙에서는 이조 전랑을 비롯해 삼사가 공론을 형성하는 중심에 있도록 했으며, 지방에서는 서원이나 향교가 사족들의 공론이 형성되는 장으로서 역할을 하게 만들었습니다. 아울러 특이하게도 산림이라는 존재가 있어 국가 운영과 진로에 대한 방향성을 제시함과 동시에, 자기들이 지지하는 붕당의 이념을 제시하기도 했습니다.

한편 붕당의 존재는 정책을 결정하는 과정에도 영향을 미쳐, 각 붕당들이 가지고 있는 학문적 지향점이 구체적인 학술 논쟁과 이론 싸움으로도 이어지게 했습니다. 결국 이 같은 붕당의 존재는 토론과 정책을 결정하는 과정을 통해 서로 견제하고 공존하면서, 조선의 정치를 역동적으로 운영하는 데 커다란 이바지를 했다고 하겠습니다. 그런 점에서 조선의 붕당을 특별한 주의가 없는 사당으로 규정한 시데하라 히로시의 주장은 옳지 않다고 생각하며, 이에 대해 진심 어린 사죄를 요청하는 바입니다. 아울러 판사님과 배심원단 여러분의 공정한 판정을 기대합니다. 이상입니다.

판사　잘 들었습니다. 다음에는 피고의 진술을 듣겠습니다.

시데하라 히로시　원고의 말씀 잘 들었습니다. 그러나 아직까지도

조선의 붕당 형성이 김효원과 심의겸의 개인적인 갈등에서 출발한 것이라는 생각에는 변함이 없습니다. 심의겸이라는 사람은 명종 비 인순 왕후의 동생으로 외척 집안 출신이었고, 김효원은 중종 비 문정 왕후의 동생 윤원형의 집에 출입하던 사람이었습니다. 이렇게 조선 초기의 붕당 형성은 두 사람의 이권 싸움에서 비롯되었습니다. 동인과 서인이라는 붕당은 공공의 이익에 봉사하기보다는 자신들의 사리사욕만을 도모했던 조직인 것이지요. 후일 노론과 소론의 대표적인 인물이었던 송시열과 윤증 사이에서 발생한 '회니시비'라는

왜 조선에는 붕당 정치가 이루어졌을까?

사건도 마찬가지였습니다. 이들의 대립 또한 두 사람 사이에 뚜렷한 학설을 가지고 논란을 벌인 것이라기보다는, 개인적인 앙금으로 대립하고, 끝내는 노론과 소론의 분당으로 이어지게 되었던 것입니다. 그리고 한 가지 더 말씀드릴 것은 조선의 붕당이 선조 때에 동인과 서인으로 갈라지는 데서 시작된 것이 아니고, 1498년(연산군 4)에 발생한 무오사화 때부터였다는 것입니다. 그러니 조선 시대 당쟁의 역사가 매우 오래되었다는 점을 알 수 있습니다. 이 같은 붕당의 역사는 당쟁으로 이어졌고, 결국 조선이라는 나라가 망하게 되는 데 중요한 원인을 제공했다고 생각합니다. 따라서 당시 조선으로서는 더 이상 회생 가능성이 없었고, 결국 이웃 나라인 일본의 힘을 빌려서야 고칠 수 있다고 판단했던 것입니다. 이상입니다.

판사 지금까지 세 차례에 걸쳐 원고와 피고 측, 그리고 증인들의 진술을 모두 들어 보았습니다. 그럼 이것으로 이이 대 시데하라 히로시의 재판을 마치겠습니다. 판결이 날 때까지 여러분께서도 이 사건에 대해 바른 판결을 내려 보시기 바랍니다.

땅, 땅, 땅!

역사공화국 한국사법정 재판 번호 31 이이 vs 시데하라 히로시

주문

역사공화국 한국사법정은 원고 이이가 피고 시데하라 히로시를 상대로 벌인 재판에서 원고 승소 판결한다.

판결 이유

본 법정은 이번 재판을 통해 붕당이 조선 왕조 500년을 유지해 준 원동력의 하나라는 점을 확인했다. 시간이 경과한 뒤, 붕당이 서로 간의 권력 쟁탈 및 유지를 위해 서로 살육을 자행하는 등 문제점이 있었던 점은 인정한다. 그렇지만 조선의 붕당이 아무런 주의나 주장도 없이 순전히 개인적인 이익을 위한 사당이라는 주장과 조선의 당쟁이 400년 이상 지속되었다는 주장, 그리고 결국 이 때문에 조선이 멸망했다는 주장은 사실이 아니었다.

따라서 본 법정은 시대의 요구에 따라 형성된 붕당을 왜곡하고, 조선의 정치를 부정적으로 표현함으로써 학문이라는 이름으로 일본 제국주의의 침략 야욕을 도운 피고의 논리에 대해서는 엄중하게 단죄할 것이다.

또한 다시는 역사의 오류를 반복하지 않도록 조선 시대 붕당에 대

해 보다 철저하고 객관적으로 규명하여 그 진실을 밝혀 줄 것을 역사
학자들에게 요구하는 바이다.

　조선의 붕당 역시 끝까지 그 순수함을 존속시키지 못하고 결국에는
많은 문제점을 드러냈다는 점은 원고도 감안해야 할 것이다. 아울러
오늘날 정치인들에게도 재판 과정에서 밝혀진 조선 시대 붕당에 대한
충분한 이해를 바탕으로 참되고 바른 정치를 해 줄 것을 기대하는 바
이다.

역사공화국 한국사법정 담당 판사 공정한

"조선의 붕당이 정당하게
평가받게 되어 다행입니다"

김딴지 변호사 사무실에서는 조촐한 파티가 열렸다. 김딴지 변호사가 환하게 웃으며 말문을 열었다.

"오늘 모임에 참석해 주셔서 감사합니다. 이렇게 여러분들을 모신 이유는 이이 선생께서 그동안 재판 과정에서 서로 논란을 벌였던 피고 측 사람들과 화해하는 자리를 마련하자고 제안하셨기 때문입니다. 아주 멋진 생각이지요? 자, 그렇다면 우리의 멋진 개혁자! 이이 선생께서 한 말씀 하시지요."

김딴지 변호사의 말이 끝나자 얼굴에 환한 미소를 가득 머금은 이이가 앞으로 나와 파티에 초대된 사람들을 향해 말했다.

"하하. 그럼 제가 한 말씀 드리지요. 먼저 이번 재판을 위해서 고생해 주신 우리 김딴지 변호사와 또 이번 재판을 위해서 증인으로 나와 주신 여러분들께 거듭 감사드립니다. 사실 이번 재판은 내 개인에 대한 문제가 아니었습니다. 나를 비롯한 많은 증인들이 살았던, 조선이라는 왕조 국가의 정치를 어떻게 평가해야 하는가 하는 중요한 문제였습니다. 사실 그동안 조선의 붕당은 잘못 이해되거나 과소평가된 부분이 큽니다. 그런데 이번 재판에서 많은 분들의 도움으로 이렇게 좋은 결과를 얻게 되어 얼마나 다행인지 모르겠습니다. 다들 감사드립니다."

이이의 말이 끝나자 옆에서 지켜보던 김효원이 한마디 거들었다.

"그렇지요. 나는 그동안 동인과 서인 붕당 형성의 주범으로 여기저기서 비난을 받은 적이 많았는데, 내 입으로 직접 변명할 수 있어 후련했습니다. 나아가 붕당에 대해 제대로 이해하게 되어 더욱 좋은 시간이었습니다. 오히려 내가 이이 선생에게 감사의 말씀을 드려야 할 것 같습니다."

"아니 그렇게 말씀하실 것까지는 없습니다. 왠지 쑥스럽군요."

두 사람의 대화를 흐뭇하게 지켜보던 김딴지 변호사가 할 말이 남아 있는 듯 손뼉을 치며 사람들의 시선을 끌어모았다.

"오늘 특별한 손님이 있습니다. 이번 소송에서 피고 측이었던 시데하라 히로시와 변호인으로 재판을 진행했던 우키다 변호사께서 오셔서 특별히 감회가 새롭습니다. 이분들의 참석은 제가 특별히 요청했던 것입니다. 특히 시데하라 히로시께서는 껄끄러우셨을 텐데 이렇게 참석해 주셔서 감사합니다. 하하. 제 이야기는 여기까지만 하겠습니다. 모두들 맛있는 음식 많이 드시길 바랍니다."

모두 다과를 들면서 그동안 서로 수고가 많았다는 인사를 나누었다. 그러던 차에 시데하라 히로시가 입을 열었다.

"에헴, 저도 한마디 덧붙이겠습니다. 원고가 하도 와 달라고 해서 이렇게 참석하게 되었습니다. 사실 이렇게까지 불러 주시지 않아도 좋은데, 굳이 참석해 달라고 특별히 사람을 보내셔서……. 사실 제가 조선으로 건너왔을 때 정치 상황이 대단히 좋지 않았습니다. 그래서 그 원인을 찾다 보니 결국 붕당 문제까지 건드리게 되었습니다. 지금도 붕당과 관련한 제 소신은 크게 변하지 않았습니다. 그러나 제 논리가 이후 여러 부분에서 파장을 일으키게 된 점에 대해서는 죄송하다는 말씀을 드립니다. 오늘날 한국과 일본은 동반자의 관계를 지향하고 있는 상황이니, 그동안 잘못된 역사 인식도 청산되어야 할 것으로 생각됩니다."

증인이었던 나붕당도 한마디 거들었다.

"맞습니다. 저도 그 의견에 전적으로 동의합니다. 이번 재판에서 붕당 문제로 많은 분들이 논쟁하였으나, 그것은 어느 특정인에게 감정이 있어서가 아닙니다. 사실이나 인식에서 잘못된 부분이 있으면 서로 토론하고 논의해서 다시 재정립하고, 보다 나은 미래를 건설하자는 취지인 것으로 알고 있습니다. 그런 점에서 이번 재판에서 오고 간 많은 지적은 상당히 의미가 있다고 하겠습니다. 이제 특정한 사람을 비난하기보다는 객관적이고 공정하게 역사를 연구하는 자세가 필요할 것 같습니다."

이때 김딴지 변호사가 차분하게 말을 이어 갔다.

"그렇습니다. 사실 일제가 식민 통치를 원활하게 하기 위해 만들어 놓은 식민 사학으로 말미암아 우리 역사학의 여러 부분이 아직도 완전하게 정리되었다고 볼 수 없습니다. 여러분들이 말씀했다시피 오늘날 급선무는 잘못된 역사 인식을 청산하고, 한국과 일본이 동반자적 관계를 확립하는 것이 아닐까 생각됩니다. 얼마 전 검인정 제도를 통과한 일본 교과서의 역사 왜곡 뉴스가 나왔을 때 애석하다는 생각을 버릴 수 없었습니다. 오늘 다룬 붕당 문제는 그나마 별로 쟁점이 되지 않지만, 독도 문제를 비롯해 근현대사와 관련된 많은 사안들이 잘못 이해되고 있으니 말입니다. 일본 측은 분명히 잘못된 점을 인정하고 이에 대한 재발 방지를 약속해야 하지 않을까요? 아울러 역사에 대한 보다 객관적이고 공정한 연구 자세가 필요할 것이라고 생각됩니다."

이이 선생은 뿌듯한 표정으로 박수를 치며 말했다.

"역시 김딴지 변호사! 훌륭하오."

"하하하. 이제 아셨습니까? 자, 이제 논쟁은 그만하고 자유롭게 맛있는 음식을 먹도록 합시다. 참석해 주신 여러분들 다시 한 번 감사드립니다. 뜻깊은 시간 보내고 가시기 바랍니다."

율곡 이이가 태어난 집, 오죽헌

강릉 오죽헌

　일상생화에서 오천 원권 지폐에서 만날 수 있고, 신사임당의 아들로, 조선 시대 유명한 학자이자 정치가로 잘 알려져 있는 인물은 바로 율곡 이이입니다. 당시에는 물론 지금까지 많은 존경을 받은 인물답게 강원도 강릉에는 이이가 태어나고 자란 집이 보존되어 있지요.

　이이는 중종 31년인 1536년, 자신의 외가인 강릉에서 태어났습니다. 신사임당은 이이이 아버지인 이원수와 혼인하고 난 뒤에노 진성에서 주로 살았기 때문에 이이 역시 여섯 살 때까지는 외가에서 자라게 됩니다. 이이가 자란 집은 오죽헌이라고 불리는데, '검은 대나무 집'이라는 뜻이지요.

　오죽은 줄기가 까마귀처럼 검기 때문에 까마귀 오(烏) 자를 써서 이렇게 부릅니다. 5~6월에 나오는 죽순은 처음에는 녹색이다가 다음 해부터 까만색으로 변한다고 하지요. 신사임당의 어머니는 다섯 딸에게 재산을 나누어 주면서 넷째 딸의 아들에게 오죽헌을 물려주었다고 합니다. 이 사람은 집 주위에 까마귀같이 검은 대나무가 무성한 것을 보고 자신의 호를 '오죽헌'이라 지은 데서 집의 이름이 시작되었다고 전해지지요.

오죽헌은 정면 3칸, 측면 2칸으로 이루어진 단층 건물로 한국 주택 건축 중 가장 오래된 건물에 속합니다. 이 건물 중에서도 이이가 태어난 방은 '몽룡실'이라고 하는데, 신사임당이 꿈에 용을 보고 이이를 낳았다고 하여 이런 이름이 붙여졌습니다.

1975년에 시작된 정비 사업으로 율곡의 영정을 모신 사당인 문성사, 자경문 등이 들어섰고, 기념관이 갖춰졌습니다. 이곳에서는 신사임당의 그림과 이이의 글을 볼 수 있지요.

찾아가기 강원도 강릉시 율곡로 3139번길 24

오죽헌의 현판(오른쪽 몽룡실)

오죽헌의 오죽

『역사공화국 한국사법정 31 왜 조선에는 붕당 정치가 이루어졌을
까?』와 관련한 논술 문제를 풀어 봅시다.

※ 다음 제시문을 읽고 물음에 답하시오.

(가) 붕당 정치는 당파를 나누어 서로 간에 견제하며 정치를 한 것을
말합니다. 각자의 입장과 생각이 다른 의견을 들을 수 있기 때
문에 다양한 의견 수렴이 가능하지요.

(나) 붕당 사이의 정치적 대립이 심해지면서 정치 기강이 문란해지
고 왕권도 약화되었습니다.

(다) 붕당 정치는 상호 비판과 토론을 기본으로 합니다. 따라서 정치
가 외곬으로 흘러가는 것을 막고, 정치 참여의 폭이 넓어질 수 있
습니다.

(라) 붕당은 학문의 경향과 밀접하게 관련이 있기 때문에 학풍이 다
양해지는 데 영향을 미칩니다.

1. (가)~(라)는 붕당 정치에 대한 여러 가지 정의와 견해입니다.
   (가)~(라) 중 바라보는 입장이 다른 하나를 선택해 그 이유를 함께 쓰
   시오.

- -

- -

- -

- -

- -

- -

- -

- -

- -

- -

- -

- -

※ 다음 제시문을 읽고 물음에 답하시오.

(가) 붕당은 싸움에서 생기고 싸움은 이해관계에서 생긴다. 이해관계가 절실하면 붕당이 깊어지고, 이해관계가 오래될수록 붕당이 견고해지는 것은 당연한 형세이다. 이렇게 되는 이유는 무엇인가? 지금 열 사람이 함께 굶주리고 있는데 한 그릇의 밥을 같이 먹게 되면 그 밥을 다 먹기도 전에 싸움이 일어날 것이다. (중략) 조정의 붕당도 어찌 이와 다를 것이 있겠는가?

– 이익의 『곽우록』

(나) 아! 붕당의 이론이 어느 시대엔들 없었겠습니까? 오직 그들이 군자인지 소인인지를 분명히 아는 것이 중요할 뿐입니다. 만약 군자라면 천 명이나 백 명이 붕당을 이룬다고 하더라도 많으면 많을수록 더욱 좋겠습니다. (중략)

– 이이의 『율곡 전집』

2. (가)와 (나)는 각각 붕당에 관한 서로 다른 입장을 책에 쓴 것입니다. (가)와 (나)를 보고 나의 생각은 어느 것과 더 가까운지 그 이유와 함께 쓰시오.

왜 조선에는 붕당 정치가 이루어졌을까?

해답 1 (가)~(라) 중 붕당 정치에 대해 바라보는 입장이 다른 것은 (나)입니다. (가)는 붕당 정치가 다양한 의견 수렴이 가능하게 해 준다는 장점을 얘기하고, (다)는 붕당 정치로 정치 참여의 폭이 넓어질 수 있다는 장점을 이야기하고 있습니다. 또한 (라)도 붕당이 다양한 학풍 마련에 영향을 끼쳤다는 장점을 언급하고 있습니다. 하지만 (나)는 붕당 정치가 정치 기강을 문란하게 하였다는 얘기로 부정적인 영향에 해당하는 내용입니다.

해답 2 (가)는 이익의 『곽우록』에 나온 내용이고, (나)는 이이의 『율곡 전집』에 나온 내용입니다. 둘 다 붕당에 관해 다루고 있습니다. 하지만 (가)에서는 붕당을 부정적인 것으로 보고 있고, (나)에서는 붕당을 부정적이지 않은 것으로 보고 있습니다.

나는 붕당에 대해서는 (가)의 입장과 좀 더 가깝습니다. 물론 붕당이라는 것이 나쁘기만 한 것은 아니지만 제한된 권력과 제한된 재물을 가지고 이를 나누려는 욕심을 갖게 되면 결국 아무리 좋은 붕당이라 하더라도 싸움으로 끝날 수 있기 때문에 서로 무리를 나누고 붕당을 이루는 것은 바람직하지 않다고 생각합니다.

* 해답은 예시로 제시된 내용입니다.

역사공화국 한국사법정 31

왜 조선에는 붕당 정치가 이루어졌을까?

ⓒ 이근호, 2011

초   판 1쇄 발행일 2011년 6월 25일
개정판 1쇄 발행일 2014년 12월 19일
개정판 5쇄 발행일 2021년 6월 18일

지은이   이근호
그린이   손영목
펴낸이   정은영

펴낸곳   (주)자음과모음
출판등록   2001년 11월 28일 제2001-000259호
주소   04047 서울시 마포구 양화로6길 49
전화   편집부 (02) 324-2347 경영지원부 (02) 325-6047
팩스   편집부 (02) 324-2348 경영지원부 (02) 2648-1311
이메일   jamoteen@jamobook.com

ISBN 978-89-544-2331-1 (44910)